Causeries à l'ashram

Satsangs de Swami Paramatmananda

Tome 1

Mata Amritanandamayi Center, San Ramon
Californie, États-Unis

Causeries à l'ashram
de Swami Paramatmananda – Tome 1

Publié par
Mata Amritanandamayi Center
P.O. Box 613
San Ramon, CA 94583
États-Unis

———————————————— *Talks 1 (French)* ————————————

Première édition par le Centre MA : septembre 2016

En France :
Ferme du Plessis
28190 Pontgouin
www.ammafrance.org

En Inde :
www.amritapuri.org
inform@amritapuri.org

Préface

Depuis 1968 Swami Paramatmananda a mené en Inde une vie de renoncement. Il s'y est installé à l'âge de dix-neuf ans pour s'imprégner de l'essence spirituelle de cette grande et ancienne culture. Il eut la chance de rencontrer au fil des années de nombreux sages et de vivre en leur compagnie. C'est en 1979 qu'il rencontra Celle qui allait devenir son *guru*, Mata Amritanandamayi. Étant un des disciples les plus anciens, il lui fut demandé de rentrer aux États-Unis pour diriger le premier ashram occidental, le Mata Amritanandamayi Center, où il vit depuis 1990.

Pour de nombreux résidents et visiteurs de ce centre, les *satsangs* de Swami Paramatmananda constituent un des points forts des programmes qui s'y déroulent. Ils transmettent les expériences vécues en Inde, sa compréhension des Ecritures et sa vie sur le chemin spirituel. Il réussit à faire une synthèse entre l'Orient et l'Occident, par ailleurs pleine d'esprit et d'humour, créant ainsi un forum où des gens issus de tous les milieux peuvent découvrir la spiritualité et approfondir leurs connaissances dans ce domaine.

Ces *satsangs* étaient au départ présentés sous forme de cassettes, en voici la transcription et la traduction. Dans la mesure du possible, le style parlé et familier a été conservé. Voici un trésor de sagesse accessible aux générations à venir.

Éditeur,
M.A. Math août 2000

Table des Matières

1. **Histoires de Saints - 1**   **6**
   On n'emporte rien dans la tombe   6
   Histoire de Karekalamma et des mangues   8
   Histoire de la femme qui cuisinait pour le bébé Rama   13
   La guérison de l'oreille du garçon suisse   16
   Elle avait plus de cent cinquante ans   17

2. **Histoires de Saints -2**   **19**
   Histoire de Tulsidas - « Je veux le darshan de Rama »   19
   Unniyappam Swami : « Parashakti est dans ton ventre »   21
   Les restes d'un ashram sous l'Ashram actuel   22
   L'histoire de Nachiketas et du dieu de la mort   23
   Histoire d'Andal et de Bhagavan Sri Vishnou   32

3. **La foi en Amma**   **39**
   Une foi parfaite, c'est la réalisation du Soi   39
   Histoire de l'athée qui tombe d'une falaise   40
   La foi est nécessaire pour réaliser Dieu   42
   Il faut être un enfant...   44
   A ce moment-là, Dieu vit en vous   46
   Histoire de Job   48

4. **Développer la volonté**   **55**
   Les vasanas sont comme l'ours   56
   Sentir le poids de l'ego   58
   Qui veut la fin veut les moyens   60
   Pleurer pour Dieu, c'est méditer   67

5. **Noël et le Christ mystique - 1**   **71**
   Pourquoi Dieu aime-t-Il autant le dharma ?   71
   Le côté humain de Dieu   75
   Paroles du Christ   79

6. **Noël et le Christ Mystique - 2**   **85**
   La rencontre entre Saint François et le pape   85

Le renoncement - Histoire de l'homme qui ne craignait pas les
    moustiques   90
Le Christ et le jeune homme riche   92
Les plus importantes paroles du Christ   95

7. **Le détachement - 1**   **97**
    L'histoire de Bhartrihari   98
    Histoire de Parikshit et du Srimad Bhagavatam   100
    Paroles de Bhartrihari : désir et renoncement   103
    L'histoire de Swami Vidyaranya et de Lakshmi   111

8. **Le Détachement - 2**   **113**
    L'histoire de Samartaramdas et du royaume de Shivaji   114
    L'œuvre de Bhartrihari   118
    Parikshit et la peur de la mort   118

9. **Le détachement - 3**   **128**
    L'histoire du mariage de Narada Maharishi   128
    L'histoire de Ganesh, du marchand et du mendiant   133
    L'œuvre de Bhartrihari (suite)   135

10. **Les bhajans, une sadhana**   **141**
    L'empereur Akbar et Tansen, le musicien   150

11. **La sadhana et la nourriture - 1**   **152**
    Aller à l'intérieur, au-delà du corps physique   155
    L'importance du mental   158
    Maîtriser la faim   161
    Dieu s'occupe de Ses dévots   164
    Montrons l'exemple   166

12. **La sadhana et la nourriture - 2**   **169**
    L'histoire des austérités de Vishvamitra Maharshi   173
    Le pouvoir de la pensée   178
    Manger avec modération   181
    Une fois le mental maîtrisé, la vie est béatitude   184

Histoires de Saints - 1

La semaine dernière, nous avons parlé de saintes, de femmes Mahatmas et en particulier de celles des temps védiques, des temps très anciens, des sages des Upanishads. Cette semaine, j'ai pensé que nous pourrions parler de celles qui ont vécu à une époque plus récente, c'est-à-dire au cours du dernier millénaire.

Il ne faut pas croire que tous les *Mahatmas* sont des *sannyasis*, qu'il est impossible de devenir un saint ou un sage, un mystique ou un *Mahatma* sans renoncer au monde et porter *keshaya*, la robe guéroua, la robe ocre. Bien des êtres réalisés étaient mariés, avaient des enfants, travaillant et menant une vie de famille. Malgré cela, ils consacraient tout leur temps libre à la *sadhana*, aux pratiques spirituelles.

On n'emporte rien dans la tombe

J'ai personnellement connu un professeur de philosophie qui vivait à Hyderabad. Son métier se prêtait bien à la vie spirituelle. Quand il n'avait pas besoin de parler ou de faire quelque chose, on le voyait toujours en train de faire *japa*. Assis dans le bus ou dans sa voiture, il répétait sans cesse : « Ram, Ram, Ram, Ram... ». Il pratiquait continuellement le *japa*. Dès qu'un saint ou un sage venait à Hyderabad, il allait le rencontrer pour recevoir son *darshan.* Si celui-ci acceptait de se rendre chez lui, il l'invitait. Il garda certains de ces saints et de ces *sannyasis* chez lui pendant deux ou trois ans. Cela ne plaisait pas beaucoup au reste de la famille, mais il ne s'en souciait guère car il avait pris conscience qu'il lui fallait œuvrer à son propre salut et convertir tous les biens qu'il possédait ici-bas en grâce. Ou bien, si l'on descend d'un niveau, en *punyam*, c'est-à-dire en mérite. Voyez-vous, tout acte est soit méritoire, soit l'opposé : ou bien il nous rapproche de Dieu, ou bien il nous éloigne encore plus du Soi ou de Dieu. En d'autres termes : soit il nous rapproche du bonheur, soit il sème les graines de notre souffrance, d'une souffrance future. Ce qui sème les graines de notre souffrance est appelé *papam*. On le traduit approximativement par péché, mais je ne sais pas si c'est une bonne traduction, parce que ce mot a de nombreuses connotations que les gens n'aiment pas. Tandis que *punyam* est ce qui construit notre bonheur.

Ces personnes comprennent donc que leurs biens, du moins ce qu'elles ont en excès et dont elles n'ont pas besoin pour assurer leur vie matérielle, doivent être convertis pour qu'elles puissent les emporter à leur mort. Vous connaissez sans doute l'expression « On n'emporte rien dans la tombe. » Eh bien il est possible de tout emporter. Mais pour cela, il faut transformer ces biens. Il est impossible de les convertir une fois qu'on est de l'autre côté. C'est comme si vous franchissiez une chaîne de montagne : de l'autre côté, c'est un autre pays et ils n'ont pas de système d'échange des monnaies étrangères. Il faut donc changer avant votre départ pour avoir des devises utilisables dans ce nouveau pays. Alors tout ira bien quand vous serez là-bas, vous aurez beaucoup d'argent. Eh bien c'est exactement la même chose. Nos actions, notre fortune, notre santé, nous pouvons tout changer maintenant en *punyam*, en grâce, mais après la mort, ce n'est plus possible. Une fois que nous sommes de l'autre côté, avec la majorité, on ne nous donne pas le choix : « Voyons, vous avez 25 ou 50 mille dollars à la banque (vous les aviez, vous ne les avez plus) aimeriez-vous les échanger et accéder à un plan plus élevé de l'existence ? » Personne ne vous posera la question. C'est donc maintenant qu'il faut convertir ce qui doit l'être.

C'est exactement ce qu'ont fait certains grands chefs de famille (en fait la plupart des *rishis*, des sages des temps anciens, étaient des chefs de famille comme d'ailleurs d'autres sages au cours de l'histoire). Comprenant que la vie est éphémère et qu'elle peut s'interrompre à tout moment, ils en ont tiré le maximum. Non pas au sens où la plupart des gens l'entendent, mais en se préparant à la vie qui succède à celle-ci.

Histoire de Karekalamma et des mangues

Cette attitude fut aussi celle d'une femme appelée Punyadavati ou encore Karekalamaya. C'est l'une des célèbres saintes shivaïtes. Au Tamil Nadou il existe une tradition, celle des *Nayenmars*, grands dévots du Seigneur sous la forme de Shankara Shiva. D'ailleurs dans les temples consacrés à Shiva, vous verrez non seulement Shiva, mais également sur un des côtés du temple la représentation de tous ces *Mahatmas*, il y en a soixante-trois. Ils ont écrit de nombreux chants ; tous étaient des mystiques. Punyadavati est une de ces mystiques, et son histoire est très belle. Elle montre à quel point les apparences sont trompeuses.

Elle était fille d'un riche marchand dans une ville nommée Karekal, située près de Pondichéry et gouvernée par les Français. En grandissant, elle devint une très belle jeune fille. Un marchand d'une autre ville voulait marier son fils à Punyadavati. Tout fut donc arrangé, le mariage conclu et célébré, et ils furent très heureux. Je crois que le nom de son mari était Paramadatta ou Paramadhatta. Ils menaient une vie de couple classique et tout paraissait très normal. Le mari de Punyadavaṭi était marchand. Le beau-père avait donné une grosse somme d'argent à son gendre, lui permettant de créer une affaire. Ils habitaient la même ville, Karekal.

Un jour que son mari était au magasin, d'autres marchands vinrent discuter affaires, et en partant lui firent cadeau de deux grosses mangues juteuses. Il ordonna à son serviteur de les porter à sa femme, pour qu'elle les lui serve au déjeuner, quand il rentrerait. Le serviteur les prit donc et les donna à Punyadavati. Elle était en train de cuisiner ; elle venait juste de faire cuire du riz, mais rien d'autre n'était prêt.

C'est alors qu'arriva un *sadhu*, un dévot de Shiva. Le voilà à la porte en train d'appeler : « *Bhiksham de, he ja Parvati* », (Ô Parvati Dévi, Ô Mère Divine, je T'en prie, donne-moi *bhiksha*, donne-moi quelque chose à manger.) Il mendiait. Elle est sortie. Elle est pleine de dévotion envers Shiva, n'est-ce pas ? Elle L'aime. Depuis l'enfance elle Lui offre chaque jour une *puja,* comme celle que nous avons faite hier soir. Elle sortit donc en courant. « Ô Swamiji, je t'en prie, entre, entre chez moi, viens t'asseoir. » Elle lui a servi du riz. Il n'y avait rien d'autre. Peut-être quelques *pickles*, je ne sais pas, mais rien de préparé. Alors elle a pensé aux mangues. Elle s'est dit : « Je vais lui donner une mangue pour accompagner le riz, et peut-être un peu de yaourt, le tout mélangé, ce sera délicieux. » Elle prit donc une des mangues et la donna au *sadhu*. Il mangea le tout et très content, il la bénit et s'en alla.

Vers midi, le mari arriva. Il se lava et s'assit pour le déjeuner. Elle lui servit le riz et tout ce qu'elle avait préparé. Puis il demanda : « Et les mangues ? J'ai envoyé des mangues, n'est-ce pas ? » Elle répondit : « Oui », apporta la mangue qui restait et la déposa sur sa feuille de bananier (les gens de l'Inde rurale mangeaient d'ordinaire sur des feuilles de bananiers). Il mangea et s'exclama : « Oh, c'est délicieux. Apporte l'autre. » La voilà devant un problème.

Elle ne dit rien. Elle aurait pu expliquer qu'elle l'avait donné à un *sadhu*, mais elle hésitait un peu. Elle voulait satisfaire son mari. Elle alla donc dans la réserve et se mit à pleurer : « Ô Shiva, Ô Shiva, que puis-je faire ? Il réclame la deuxième mangue et nous ne l'avons plus. J'aurais pu le lui avouer, mais je ne l'ai pas fait, et maintenant, que dire ? » Puis elle pria : « Ô Dieu, je T'en prie, sauve-moi ! » Et tout à coup, une mangue apparut dans ses mains. Elle ne fut pas trop émerveillée, sans doute un peu tout de même, mais elle éprouva une immense gratitude. Elle la prit et la donna à son mari qui la mangea et s'exclama : « Oh, mais celle-ci est dix fois plus délicieuse que la première. D'où vient-elle ? Est-ce bien la mangue que j'ai envoyée ? Comment ont-ils pu me donner deux mangues aussi différentes ? Je n'arrive pas à y croire. »

Elle pensa alors qu'il valait mieux dire la vérité et avoua : « Un *sadhu* est venu et je lui ai donné une mangue. Quand tu as demandé la seconde, j'ai simplement prié Shiva et Il me l'a donnée. » Il répondit : « Ahah, bien sûr. S'Il t'a donné la seconde mangue, peux-tu en avoir une troisième ? » Elle répondit : « Je ne sais pas. Je vais prier Dieu. » Elle se mit un peu à l'écart, dans un coin de la pièce, en priant : « Ô Shiva ! Je T'en prie, sauve-moi, vois dans quelle situation je suis ! » Alors une autre mangue apparut dans ses mains. Elle se retourna en montrant la mangue, et l'offrit à son mari. Il la prit, et dès qu'il la toucha, elle disparut. Non seulement il reçut un choc, mais il prit peur. Il comprit que sa femme n'était pas une femme ordinaire. Il lui demanda : « Es-tu une déesse ? ». Elle ne répondit rien, parce qu'elle ne savait pas quoi dire. Il fut convaincu sur-le-champ que sa femme était une déesse, qu'elle n'était pas un être ordinaire et l'idée de l'avoir pour épouse l'effraya.

Comme il était marchand et sillonnait les mers, il partit par le premier bateau et décida de ne pas rentrer à Karekal. Il voyagea, gagna beaucoup d'argent et rentra en Inde. Il s'installa à Maduraï, qui est loin de Karekal. Il se remaria et eut une fille qu'il appela du nom de sa première femme, Punyadavati.

Pendant ce temps, Punyadavati attendait que son mari rentre, mais il ne revint jamais. Au bout de cinq ou six ans, des membres de sa famille se rendirent à Maduraï, y aperçurent son mari et lui rapportèrent la nouvelle : « Nous avons vu ton mari là-bas, à Maduraï. » Ils décidèrent donc de l'y envoyer, louèrent un palanquin, et elle partit pour Maduraï accompagnée de quelques personnes de la famille. Celles-ci allèrent trouver le mari et quand Punyadavati arriva, il sortit en courant, accompagné de sa seconde femme et de sa fille. Et que fit-il quand elle sortit du palanquin ? Il se prosterna de tout son long à ses pieds, ce qu'elle n'apprécia guère, car c'était auparavant, l'inverse. Très contrariée, elle s'écarta de lui en disant : « Qu'est-ce que c'est que ça ? » Il raconta alors toute l'histoire devant la famille : « Cette femme n'est pas une femme ordinaire, c'est une déesse et par sa grâce je me suis remarié et j'ai eu un enfant ; je lui rends un culte chez moi, sous la forme de la déesse Punyadavati », etc, etc. Elle fut tellement fâchée et malheureuse qu'elle pria avec ferveur le dieu Shiva : « Ô Seigneur, je préservais ma beauté pour mon mari. Maintenant il ne veut plus de moi. Ô Shiva, désormais c'est Toi qui es tout pour moi. Détruis ma beauté. »

Elle devint alors toute maigre et ratatinée et ressemblait, dit-on, à un fantôme. Son aspect était si étrange que tout le monde la fuyait. Elle en était très heureuse, car cela marquait le début de son renoncement absolu. C'est arrivé, voilà tout ; c'était la volonté de Dieu, non la sienne. Puis elle se rendit à pied au Mont Kailash, dans l'Himalaya, ce qui lui prit très longtemps. Là, elle eut le *darshan* de Shiva, sa vision mystique. Il lui demanda : « Que désires-tu ? Je t'accorde une grâce. »

Je vais vous raconter ce qu'elle a répondu ; c'est très beau. Elle a demandé quatre faveurs, voici la première : « Je veux éprouver une dévotion constante, je veux que ma dévotion envers Toi soit totale, permanente, ininterrompue. Je pense à tant de choses différentes, mon mental vagabonde d'objet en objet. Comme le Gange coule vers l'océan, je veux que toutes mes pensées aillent vers Toi sans interruption. »

Shiva dit : « Qu'il en soit ainsi ; Je te l'accorde. Que veux-tu d'autre ? » Elle répondit : « Je ne veux plus renaître. Je ne désire rien en ce monde, je ne désire rien d'autre que de rester à Tes pieds. Et si je dois renaître, s'il me reste encore du *prarabdha karma* à épuiser, alors fais en sorte que je demeure toujours consciente de Ton existence ; ne me laisse pas m'endormir dans Ta *maya*, au point de ne plus savoir que Tu existes et de penser que seul ce monde est réel. Même si je dois renaître, fais que je garde la conscience du Divin. » Enfin elle demanda à pouvoir voir constamment la danse cosmique de Shiva. Cela peut s'interpréter de deux manières. Vous avez peut-être vu des représentations de Shiva Nataraja, le roi de la danse. Je crois que nous en avons parlé hier soir, mais peut-être ne sommes-nous pas allés jusque-là.

Une des formes de Shiva danse... Il est entouré de flammes, Il danse et cela représente la danse de l'univers. Vous savez que tout, dans l'univers, est en mouvement ; rien n'est immobile. Le moindre atome est en mouvement ; ce qui est immobile, ce n'est plus l'univers, c'est *Brahman*, l'absolu. Donc *Shakti*, la nature, Mère Nature, danse sans arrêt, elle entre en dansant dans l'existence et elle en sort en dansant.

Quand les vibrations s'arrêtent, c'est la fin de la création. C'est ce que nous appelons *pralaya*, la dissolution de l'univers. Puis la danse recommence.

C'est une manière d'interpréter ce désir de voir la danse cosmique du Seigneur. En d'autres termes, elle désirait voir l'univers entier comme une forme de Dieu. L'autre interprétation possible, c'est qu'elle voulait voir cette forme, Shiva Nataraja, dansant dans l'espace, *akasha*. Et Shiva dit : « Oui, tu auras cette vision, tu auras tout ce que tu as demandé. » Et il lui dit de rentrer au Tamil Nadou pour vivre dans un endroit qui se trouve je crois à une quarantaine de kilomètres de Madras. Il y a là un temple dédié à Shiva et elle y passa le reste de ses jours en méditation et en extase. C'était Karekalamaya, une sainte célèbre. Elle écrivit cent-vingt ou cent-trente chants qui décrivent toutes ses expériences, son union mystique et sa vision de Dieu. Cela fait partie de la littérature des Shivaïtes, des Nayenmars.

Question au fond de la salle.

C'est quelqu'un qui a vécu il y a environ mille ans. Mais bien sûr, nous connaissons Amma. Elle est vivante aujourd'hui. Elle est la plus récente dans cette succession de saintes et de sages, et la plupart d'entre nous La considèrent comme Parashakti Elle-même.

Histoire de la femme qui cuisinait pour le bébé Rama

J'ai rencontré une autre femme qui semblait tout à fait ordinaire ; elle vivait à Hyderabad, où je passais beaucoup de temps lors des dix ou douze premières années de ma vie en Inde. Cette femme était veuve et consacrait tout son temps à accomplir des *pujas*, à étudier le *Srimad Bhagavata*, les Ecritures ou bien à pratiquer le *japa*. Je crois qu'elle récitait environ cent mille *mantras* par jour ; elle répétait donc le nom de Dieu cent mille fois par jour. Elle se levait à trois heures du matin et commençait son *japa*, immobile comme une statue. Elle arrêtait vers neuf ou dix heures du matin. Et comme vous l'imaginez, elle faisait ainsi de grands progrès ; elle avait des visions divines. Je l'ai rencontrée à Tiruvanamalaï et nous avons sympathisé. C'était une vieille veuve brahmane très orthodoxe, pourtant elle se prit d'affection pour moi. Elle me considérait comme son propre fils. Elle avait l'habitude de cuisiner pour moi, et je ne peux pas le définir, mais nous avions une très belle relation. A l'époque je parlais sa langue, le télougou, que j'ai depuis complètement oubliée. Je parlais très simplement, elle aussi, elle me confiait ses expériences. Mais ce n'était pas le style des personnes soi-disant spirituelles que l'on rencontre, faisant étalage de leurs expériences, qui s'avèrent bien difficiles à croire. On a alors le sentiment que quelque chose sonne faux ou que la personne essaye de nous impressionner. On rencontre beaucoup de gens de cette sorte. Ce malaise ne se manifeste jamais lors d'un échange avec une personne sincère et innocente. Les êtres vraiment spirituels sont ainsi, comme des enfants.

Cette femme avait une innocence enfantine et au bout de quelque temps, elle me raconta ce qui lui arrivait. Elle était très contrariée, car elle suivait l'enseignement de Ramana Maharshi et elle aimait pratiquer *atma vichara*, l'introspection. Mais chaque fois qu'elle fermait les yeux pour essayer de se concentrer sur le Soi, de voir *l'Atman*, le petit Rama venait, un petit garçon âgé d'environ trois ans, au teint gris bleu. Il arrivait, sautait dans son giron, tirait sur ses vêtements en disant : « Je veux du *payasam* ! Je veux des *vadas* ! Je veux des *dosas*. Je veux à manger ! » Elle voyait vraiment le petit garçon, elle sentait quand il tirait sur ses vêtements, elle l'entendait pleurer. Dès qu'elle ouvrait les yeux, il disparaissait. Dès qu'elle les refermait, elle le voyait de nouveau, il tirait sur ses vêtements et il pleurait. Elle était très contrariée. Bien sûr, si cela nous arrivait, nous ne serions pas contrariés du tout, nous serions au contraire ravis qu'il se passe quelque chose. Mais c'est toute la différence entre elle et nous, car elle ne voulait rien d'autre que réaliser le Soi, *atma jnana*. Elle ne désirait même pas la vision de Rama, de Krishna ou de qui que ce soit d'autre. Quoi qu'il en soit, cela lui était donné, la vision de ce petit Bala Rama. Alors que faisait-elle ? Elle allait à la cuisine et elle se mettait à préparer du *payasam*, parce que sinon le petit ne la laissait pas tranquille. Habituellement, elle ne cuisinait jamais à cette heure-là, c'est beaucoup trop tôt. Il existe de nombreux exemples similaires, beaucoup de saints ont vécu la même chose. Une des disciples de Ramakrishna Paramahamsa eut le même problème, si l'on peut dire, car ce n'est absolument pas un problème. Elle confectionnait donc le *payasam*, les *vadas*. Elle n'en voulait pas elle-même, se nourrissant comme un simple chercheur spirituel. Mais il lui fallait préparer tous ces plats compliqués pour le petit Rama, sinon il n'était pas content. Puis elle le nourrissait les yeux fermés, car elle ne le voyait qu'ainsi. Et elle ne pouvait pas non plus se reposer : dès qu'elle fermait les yeux, il venait s'allonger à côté d'elle, se blottir contre elle ; il voulait jouer, il réclamait des histoires. Elle était donc très contrariée et me le confiait. Elle disait : « Quel va être mon sort ? Je voulais réaliser le Soi, et me voilà obligée de jouer continuellement avec Dieu. Il m'oblige à cuisiner, tous les matins à quatre heures je dois m'y mettre. Que faire ? » Je ne savais pas quoi lui répondre, je n'en avais aucune idée ; je ne voyais ni Rama, ni Krishna, ni qui que ce soit d'autre! Je répondais donc : «Eh bien, acceptez la volonté de Dieu. » Que pouvais-je dire d'autre ?

Elle arriva un jour en disant : « Il m'est arrivé quelque chose de très beau la nuit dernière. Je méditais et Rama est venu de nouveau. J'étais un peu ..., un peu frustrée, je ne savais plus quoi faire. J'ai donc prié mon *guru*, qui est apparu. Il avait un immense récipient, gros comme ça. Vous avez sans doute vu en Inde les marmites dans lesquelles on fait la cuisine, pour les fêtes. Elles sont si grandes qu'il faut se mettre debout dedans pour les nettoyer. Dans un grand récipient, il remuait quelque chose à l'aide d'un gros bâton, je ne savais pas quoi. Je me demandais bien ce qu'il faisait, cela semblait si étrange. C'est alors qu'il m'appela, je regardai dans la marmite et il dit : « C'est du *Mysore pak* (une spécialité sucrée de Mysore), mais il n'est pas encore prêt. » Elle comprit alors ce qu'il voulait dire : elle n'était pas encore mûre pour la voie de l'introspection. La sucrerie symbolise le mental purifié, évolué, le mental spirituel. Il remuait avec son bâton, mais la préparation n'était pas encore achevée, pas encore tout à fait cuite. Si elle n'avait pas été sur le feu, elle n'aurait pas eu de vision. Comme le mélange bouillait, cette vision de Rama lui était accordée, mais la cuisson n'était pas terminée. A partir de ce jour, la vision du bébé Rama disparut et son mental devint presque immobile, comme l'océan lorsqu'il est calme. Elle restait pendant des heures absorbée en elle-même, dans *l'Atman*.

C'était une femme ordinaire, personne n'était au courant de ses expériences, je suis très probablement le seul à qui elle les ait jamais confiées. Je n'avais encore jamais raconté cette histoire. Quant à elle, je suis sûr qu'elle n'en parlait à personne, parce qu'elle n'avait pas d'amis ; elle ne se souciait pas d'avoir des amis ; elle ne se préoccupait que de ses pratiques spirituelles. Il existe certainement beaucoup de saintes inconnues comme elle.

La guérison de l'oreille du garçon suisse

En voici une autre. Un jour, nous étions assis avec Amma devant l'Ashram. Il y avait avec nous Werner, un Suisse qui a vécu plusieurs années à Amritapuri, méditant de manière très intense. A force de méditer, son corps s'est échauffé, ce qui a déclenché une infection dans l'oreille. Il avait un problème à l'oreille. Il était assis là, à quelque distance d'Amma et de nous, quand une mendiante arriva. C'est courant sur la côte où vit Amma ; parfois les mendiants traversent la rivière et viennent quémander leur nourriture dans le village.

Celle-ci, arrivant de la plage, entra tout droit dans l'Ashram. Ses vêtements étaient très sales, ils tombaient presque en loques tant ils étaient déchirés, usés. Elle avait peut-être soixante-dix ans, elle était toute courbée et portait une boîte de conserve à la main pour mendier. Elle se dirigea vers Werner, qui n'avait aucune idée de ce qui allait arriver. Elle se pencha vers lui, comme pour lui dire quelque chose, et souffla dans l'oreille où il avait mal, « shhh ». Sans attendre qu'on lui donne quoi que ce soit, elle s'est levée, lui a souri et s'en est allée. Comme si elle était venue pour faire cela et rien d'autre. Amma a observé toute la scène. Puis Elle s'est tournée vers nous en disant : « Vous avez vu ? » Nous avions vu, mais nous n'avions aucune idée de ce qui c'était réellement passé. Elle ajouta : « Savez-vous qui c'était ? » « Non, » avons-nous répondu. Amma dit : « Elle n'était jamais venue ici. » « Mais alors Amma, comment sais-Tu qui elle est ? » Nous posons toujours ce genre de questions stupides à Amma : « Comment le sais-Tu ? » Je ne sais pas combien de gens Lui posent la question. Ils se rendent compte aussitôt de leur sottise. Elle sait, parce que son savoir vient de l'intuition et non de l'expérience, de l'intellect ou d'une inférence. Amma dit : « C'est un *avadhut*, un *Mahatma*. Elle vagabonde comme une mendiante. C'est la première fois qu'elle vient ici. Elle savait qu'il avait une infection à l'oreille et c'est la seule raison de sa venue. Elle n'est pas venue chercher à manger. Avez-vous vu comment elle lui a soufflé dans l'oreille, comment elle est repartie aussitôt après? » Amma ajouta qu'il y avait de nombreux saints inconnus comme elle, probablement un dans chaque village : des *Mahatmas* ayant l'air de personnes tout-à-fait ordinaires et qui ne le sont pas.

Elle avait plus de cent cinquante ans

Les apparences sont donc trompeuses. Beaucoup d'entre vous ont sans doute entendu parlé de Mayamma, qui vivait au Tamil Nadou et qui a quitté son corps récemment, il y a un ou deux ans (*c'est-à-dire en 1992 ou 1993, n. d.t.*). Amma a passé un peu de temps avec elle. Nous allions la voir tous les deux ou trois ans. C'était aussi un *avadhut*. Elle avait l'allure d'une mendiante. Elle se promenait avec un sac en toile, entrait en coup de vent dans les restaurants, prenait la nourriture des assiettes des clients, la mettait dans le sac puis repartait aussi vite qu'elle était venue. Comme nous n'avions pas d'endroit où manger lorsque nous lui rendions visite, nous sommes donc allés au restaurant. Nous étions une vingtaine. Gayatri était avec nous, elle s'est levée pour aller aux toilettes. Juste à ce moment-là, Mayamma est entrée précipitamment, a pris toute la nourriture qui se trouvait dans l'assiette de Gayatri, puis est repartie.

Et savez-vous ce qu'elle faisait de cette nourriture ? Ce n'était pas pour elle. Environ vingt-cinq chiens la suivaient partout. Elle dormait avec eux, s'allongeait et jouait avec eux ; c'est ainsi qu'elle les nourrissait, en se servant dans les restaurants. Aucun patron ne l'en empêchait, parce qu'elle pos-sédait un immense pouvoir spirituel. Personne ne connaissait son âge, Amma dit qu'elle avait plus de cent cinquante ans. Si elle touchait un malade, celui-ci était guéri. Elle allait nager dans l'océan. Elle ne portait pas de vêtements, elle était complètement nue, c'était une *digambari avadhut*. Certains voulaient parfois l'habiller, mais elle n'aimait pas cela, elle préférait être nue. Elle se promenait ainsi dans la ville. Personne ne la dérangeait. Puis elle ramassait les ordures de la ville, les rassemblait sur la plage, y mettait le feu et restait assise pendant des heures à le regarder. Personne ne savait ce qu'elle faisait ainsi. Amma dit que c'était un grand *Mahatma*. Elle a maintenant quitté son corps.

Il existe donc de nombreuses saintes. Je voulais parler aujourd'hui d'une des plus grandes, qui s'appelait Andal et dont le destin fut très singulier. Mais nous en parlerons la semaine prochaine.

Om Namah Shivaya.

Satsang à M.A. Center, 1994
Cassette 1, face A

Histoires de Saints -2

L a semaine dernière nous avons vu que les apparences sont parfois trompeuses, surtout dans le cas d'êtres spirituels. Nous avons vu plusieurs exemples de saintes qui paraissaient être des personnes ordinaires mais étaient en réalité des Mahatmas. Aujourd'hui je voudrais continuer dans la même veine.

Histoire de Tulsidas - « Je veux le darshan de Rama »

La plupart d'entre vous ont entendu parler de Tulsidas. Il est l'auteur d'une grande épopée, le *Tulsiramayana*, appelé aussi *Ramacharitamanasa*, une version dévotionnelle de l'œuvre de Valmiki. Tulsidas était un grand dévot de Rama et il passa de nombreuses années à essayer d'obtenir Son *darshan*. Cependant, malgré tous ses efforts, cette vision divine ne lui était pas accordée. Il avait l'habitude de se rendre chaque jour au Gange et d'y puiser de l'eau pour pouvoir se laver après être allé aux toilettes. Et en revenant du Gange, il versait le reste de l'eau au pied d'un arbre. Un jour, alors qu'il venait de jeter en passant cette eau au pied de l'arbre, il entendit une voix qui disait : « Je t'accorde une faveur. » Il ne comprenait pas d'où venait la voix. Il s'approcha de l'arbre et de nouveau il entendit la voix lui dire : « Je t'accorde une faveur. Que désires-tu ? »Tulsidas demanda : « Qui parle ? » La voix répondit : « Je suis un fantôme et je vis dans cet arbre. J'avais très soif et je te suis reconnaissant de m'avoir donné cette eau chaque jour. Je suis prêt à faire ce que je peux pour toi ; je t'accorde une faveur. » Tulsidas répondit : « Je voudrais le *darshan* de Rama. » Le fantôme répliqua : « Il n'est pas en mon pouvoir de te l'accorder, mais je connais quelqu'un qui peut t'aider, c'est Hanuman. » Tulsidas répondit : « Je sais bien que par la grâce d'Hanuman, je pourrais voir Rama. Mais où est Hanuman ? » Alors le fantôme dit : « Tous les soirs, tu commentes le Ramayana et la dernière personne à quitter la salle est un lépreux, toujours assis au fond. C'est Hanuman. Il vient sous cette forme pour le plaisir d'entendre l'histoire de Rama. Adresse-toi à lui, demande-lui le *darshan* de Rama. »

Alors Tulsidas ce soir-là, après son discours, guetta la dernière personne à se lever, le lépreux au fond de la salle. Il alla le trouver, tomba à ses pieds qu'il serra en implorant : « Oh Hanumanji, Hanumanji, bénis-moi de Ta grâce ! » Le lépreux restait là sans bouger. Tulsidas finit par se relever et le lépreux dit : « Je ne suis rien du tout ; que fais-tu donc ? » Mais Tulsidas insista et Hanuman finit par dire : « Bon, que veux-tu ? » « Je veux le *darshan* de Rama. » Le lépreux répondit : « D'accord, va à Chittracoot, vénère Rama en ce lieu et tu obtiendras son *darshan*, par ma grâce. »

Chittracoot est la montagne où Rama et Sita vécurent pendant de nombreuses années. Ce n'est pas très loin de Bénarès, où Tulsidas se trouvait alors, il est possible de couvrir cette distance à pied.

Tulsidas suivit le conseil d'Hanuman et se rendit à Chittracoot. Et il ne manqua pas de recevoir le *darshan* de Rama, bien que sous une forme étrange. Il l'eut en fait deux fois. La première fois, il était assis en train d'accomplir la *puja* à Rama quand un cochon arriva en courant, renversa tout et s'en alla. Un cochon sauvage. Tulsidas était désolé : sa *puja* était maintenant gâchée, tout était sale et sentait mauvais. Hanuman arriva. Il dit : « Eh bien, as-tu vu Rama ? » Tulsidas répondit : « Je n'ai pas vu Rama. Où est Rama ? Depuis des jours et des jours je fais la *puja*, et je n'ai toujours pas vu Rama. Tu me l'as promis ! » Hanuman rétorqua : « C'était Rama qui vient juste de passer en courant au beau milieu de ta *puja*. » Tulsidas dit alors : « Mais comment puis-je Le reconnaître sous cet aspect ? » « Bon, tu auras encore une fois le *darshan* de Rama. » Il refit donc la *puja* un autre jour et de nombreuses personnes vinrent pour avoir du *prasad*. Deux jeunes garçons se trouvaient là, l'un avait le teint clair et l'autre le teint sombre. Tulsidas distribuait le *prasad* à tous et au moment où il appliquait la pâte de santal sur le front des deux garçons, il comprit qu'il s'agissait de Rama et de Lakshmana. Il perdit conscience et entra en extase. Il resta deux ou trois jours allongé dans la béatitude engendrée par cette vision de Rama.

Hanuman ou un autre être divin peuvent donc prendre n'importe quelle apparence. C'est le point essentiel. Il est impossible de dire qui est qui ; les *Mahatmas* sont Dieu, et ils ne portent pas d'insigne déclarant : « Je suis Untel ». A nous d'en être conscients, d'avoir foi en cette vérité : une âme divine peut revêtir n'importe quel aspect. En réalité, chacun est de nature divine, mais ceux qui en ont conscience, ces êtres-là peuvent prendre n'importe quel aspect.

Unniyappam Swami : « Parashakti est dans ton ventre »

Deux personnes ayant ce niveau de conscience se sont manifestées avant la naissance d'Amma. L'une d'elles vivait dans cette région côtière et on l'appelait Unniyappam Swami. C'était un personnage très étrange. Personne ne comprenait qui il était, la plupart des gens le prenaient pour un mendiant. Mais un trait particulier le distinguait des mendiants. Il portait ses cheveux tout emmêlés en chignon sur la tête, ce qui en soi n'est pas extraordinaire, tant de *sadhus* le font. Mais quand ce swami parcourait la côte et que les enfants approchaient pour jouer et se moquer de lui, il se mettait simplement la main dans les cheveux et en sortait un *unniyapam* tout chaud : c'est une sucrerie du Kérala frite dans l'huile. (Lors des *brahmasthanams*, les *brahmacharinis* en confectionnent et ils sont vendus comme *prasad*. n.d.t.) Il avait sa façon à lui de les cuire. Il les tirait de ses cheveux et en distribuait à tous les gamins. C'est de là que lui venait le nom d'Unniyappam Swami.

Il parcourait donc un jour la côte et arriva au village où Amma est née. C'était juste avant Sa naissance, Damayanti Amma attendait le bébé. Ils habitaient tout à côté du chemin qui traversait le village, près de l'océan. Ils ne vivaient pas là où se trouve aujourd'hui l'Ashram mais au bord de la mer, dans un endroit maintenant recouvert par les eaux. C'était avant que l'on apporte toutes les pierres formant une digue pour protéger le rivage ; Damayanti Amma se trouvait devant la maison et Unniyappam Swami vint à passer. Il alla vers elle et lui donna des cendres sacrées (*vibhutis* ou *bhasma*). Il dit : « Parashakti est dans ton ventre et va naître sous la forme de ta fille. » Puis il s'en alla. Nous savons tous combien de choses miraculeuses se sont produites dès la naissance et la petite enfance d'Amma. Aujourd'hui des centaines de milliers de personnes croient que telle est la vraie nature d'Amma, Parashakti, et elles en ont fait l'expérience. Mais jamais vous n'auriez pu imaginer, en voyant Unniyappam Swami, qu'il savait ce genre de choses.

Les restes d'un ashram sous l'Ashram actuel

Une autre personne possédait cette connaissance et s'est trouvée en contact avec le père d'Amma, Sugunanandacchan, « *Acchan* »,

comme nous l'appelons (*acchan* signifie « père » en malayalam). Il
jouait un jour dans la cour (dans la propriété où se trouve maintenant l'Ashram et non au bord de la mer). Il était encore très jeune
et était en train de grimper aux arbres avec un ami. Un *sannyasi*
arriva, s'arrêta et se mit à rire, il n'arrêtait pas de rire ; peut-être
avez-vous déjà lu cette anecdote dans la biographie d'Amma.
Acchan lui a demandé : « Pourquoi ris-tu ? Est-ce que tu te moques
de nous ? » Il répondit : « Non, c'est la béatitude que je ressens ici
qui me fait rire. Ce lieu est sacré, et sous cette terre, de nombreux
saints sont enterrés, il y a de nombreuses tombes de *sannyasis*. Il a
dû y avoir un ashram ici il y a très longtemps. » Puis il est parti.
Et Amma dit que c'est vrai, que sous l'Ashram actuel se trouve un
ashram qui date de Son existence précédente. C'est une des raisons
pour lesquelles nous ressentons tant de paix et de béatitude en ce
lieu. Bien sûr, c'est essentiellement parce qu'Amma y a passé Sa
vie et que de nombreux *sadhaks* y font une *sadhana*, mais ce lieu
était sacré bien avant, il y a très très longtemps.

Il ne faut pas croire que seules des personnes âgées puissent
être des *Mahatmas* ; il y a aussi des jeunes. Amma, par exemple.
Elle avait à peine vingt ans quand Elle a commencé à donner le
Krishna *bhava*. Tout le monde ne comprenait pas, mais la plupart
des gens acceptaient le fait qu'Elle soit un *Mahatma*.

Vous avez peut-être lu la *Kathopanishad*, mon *upanishad* favorite, qui raconte l'histoire de Nachiketas. C'est l'histoire classique
d'un jeune homme qui était aussi un grand saint. Pour ceux qui
ne la connaissent pas, j'aimerais en parler un peu et vous en lire
des extraits.

L'histoire de Nachiketas et du dieu de la mort

Nachiketas était sans doute adolescent lorsque son père décida
d'accomplir une grande *puja*. Traditionnellement, en Inde, les

offrandes (généralement aux prêtres, aux brahmanes) font partie intégrante de la *puja*. Le père de Nachiketas, n'ayant pas beaucoup d'argent, acheta quelques vaches pour satisfaire à cette obligation. Mais elles étaient trop vieilles pour avoir des veaux et donner du lait. A quoi pouvaient-elles bien servir? Il offrit ces vieilles vaches taries comme s'il s'agissait d'un grand cadeau. Nachiketas avait une foi absolue dans les Ecritures, il avait étudié les Védas, et il n'a pas pu garder le silence. Ce n'était pas par arrogance, il avait simplement le sentiment que son devoir était de dire quelque chose à son père, parce que son action n'était pas correcte. Si vous donnez de mauvaises choses, votre acte engendrera de mauvais fruits karmiques. Si vous donnez de bonnes choses, vous obtiendrez un bon fruit.

Donc, pour protéger son père, il dit : « Père, cela n'est pas très bien. Peut-être que tu pourrais aussi me donner en offrande. » Le père ne répondit rien mais Nachiketas répéta sa question trois ou quatre fois. Son père finit par se mettre en colère contre lui. Il dit : « Je t'offre à Yama, la Mort. » Il était vraiment hors de lui. Nachiketas répondit : « D'accord. » Il partit pour le royaume de la Mort, Yamaloka. Quand il arriva, Yama n'était pas chez lui. Nachiketas resta assis devant la grille du palais pendant trois jours et trois nuits. Finalement, Yama arriva. Il fut choqué en voyant que ce pauvre garçon était resté assis là tout ce temps. Il l'invita aussitôt en lui disant : « Ecoute, je veux faire un geste pour toi, parce que tu as souffert trois jours et trois nuits à la porte, sans manger, sans boire, sans rien. Tu es mon invité. Je t'accorde trois vœux. »

Quels furent les vœux ? Nachiketas dit : « D'accord. Mon premier vœu, c'est que mon père ne soit plus en colère contre moi quand je rentrerai. » Yama répondit : « Eh bien, qu'il en soit ainsi. Quel est ton second vœu ? » Nachiketas répondit : « J'ai entendu dire que dans les cieux, on ne connaît ni la souffrance, ni le chagrin, ni même la mort, qui sont notre lot sur terre. Je voudrais donc connaître le moyen d'atteindre les cieux. » Yama lui dit : « Il faut accomplir une *puja* particulière. Si tu le fais, tu iras au ciel après avoir quitté ton corps. » Il lui enseigna la *puja*, qui était en fait une cérémonie du feu (*homa*) et ajouta : « En ton honneur, je veux nommer cette cérémonie Nachiketas *homa*. Quel est ton troisième vœu ? » C'est là que nous allons commencer notre lecture.

Nachiketas dit :

> *« Quand une personne meurt, il y a un doute : son existence se poursuit-elle ? Certains affirment qu'elle n'existe plus. Je veux que tu m'enseignes la vérité. Tel est mon troisième vœu. »*

Il dit donc : « Certains déclarent que la mort est la fin de tout (c'est ce que disent les matérialistes). D'autres affirment que l'existence continue après la mort. Tu es le dieu de la mort, tu es Yama, tu connais la réponse mieux que personne d'autre. Je veux savoir ce qui se passe après la mort. Est-ce que j'existerai encore ou non ? »

Yama répondit :

> *« Même les dieux sont en proie au doute car le secret de la mort est difficile à connaître. Nachiketas, demande-moi une autre faveur et délivre-moi de ma promesse. Ne me demande pas cela, s'il-te-plaît. »*

Nachiketas dit :

> *« Même les anciens dieux connaissent ce doute, parce que la réponse est difficile à connaître, Ô Mort, comme tu le dis. Il n'existe pas de plus grand maître que toi et aucune faveur n'égale celle-là. Je ne souhaite donc rien d'autre, je veux savoir ce qui se passe après la mort. »*

Il est très malin ; malin n'est pas le mot, bref, vous allez voir ce qu'il est.

Yama dit :

> *« Demande des fils et des petits-fils qui vivront cent ans ; demande des troupeaux de bétail, des éléphants, des chevaux, de l'or, de la terre. Demande à vivre aussi longtemps que tu le souhaiteras, ou bien si tu penses à quelque chose de plus désirable, demande-le moi, avec en outre la richesse et une longue vie, Nachiketas. Sois le souverain d'un grand royaume et je t'accorderai la possibilité maximum de profiter des plaisirs de la vie. »*

Que fait-il là ? (*réactions diverses*) Oui, il essaye de le soudoyer. Bon, employons un autre terme. Il le tente. (*rires*) On pourrait dire qu'il s'efforce de le corrompre.

Nachiketas dit :

> *« Ces plaisirs ne durent que l'espace d'une journée et ils épuisent notre énergie vitale. La vie terrestre est si éphémère. Garde-donc tes chevaux et tes chars, tes danses et ta musique. La richesse seule est incapable de procurer le bonheur aux mortels. Comment pouvons-nous désirer la richesse en voyant ton visage, sachant que ta présence nous ôte la vie ? Telle est la faveur que je choisis et que je te demande. Etant simple mortel, comment, alors que je suis sujet à la vieillesse et à la mort, une longue vie vouée aux plaisirs éphémères des sens pourrait-elle faire mon bonheur ? Ô, Mort, éclaircis mes doutes. Une personne vit-elle encore après la mort ou pas ? Nachiketas ne désire pas d'autre faveur que le secret de ce grand mystère. »*

Qui est donc Nachiketas ? C'est un aspirant spirituel de premier rang. Pourquoi ? Parce qu'il ne désire rien d'autre. Il veut savoir ce qui se passe après la mort. En d'autres termes, l'âme existe-t-elle ? Suis-je l'âme ou bien suis-je le corps, qui est voué à mourir ? Rien d'autre ne peut le tenter.

Yama dit :

> « *La joie du Soi, de l'Atman, est éternelle, mais non ce qui plaît aux sens. L'homme agit dans le but d'obtenir l'un ou l'autre. Tout va bien pour ceux qui choisissent la joie de l'Atman, mais ceux qui optent pour les plaisirs faciles manquent le but de la vie.* »

Il dit donc que nous avons tout le temps le choix : nous pouvons choisir les plaisirs de la vie (ce qui est naturel car ils attirent tout le monde) ou bien nous pouvons nous efforcer d'atteindre la béatitude du Soi. C'est très difficile, mais si nous y parvenons, le fruit est éternel. Les plaisirs des sens vont et viennent ; vous mangez quelque chose de bon, c'est agréable et puis c'est terminé. Alors on remange, mais c'est impossible tout de suite, il faut attendre que les sens récupèrent ; on mange, et encore une fois, c'est fini. C'est donc passager. Tous les plaisirs des sens fonctionnent ainsi : ils vont et viennent. Nous voudrions jouir sans arrêt, nuit et jour, mais la nature même des sens est d'être éphémère : ils ne procurent qu'un plaisir fugace, puis se fatiguent, s'usent et récupèrent de nouveau. C'est donc sans fin, comme un puits sans fond, impossible à combler. Les sages affirment que la béatitude du Soi, en revanche, est permanente ; c'est la nature de la béatitude.

Yama nous dit que nous avons toujours le choix entre l'agréable et le bien véritable. En sanscrit, on appelle cela *preyas* et *sreyas*.

> « *La joie éternelle ou bien les plaisirs fugitifs, tel est le choix qui nous est donné, constamment. Le sage sait les reconnaître, mais pas l'ignorant. Le premier accueille volontiers ce qui le mène à la joie durable, même si c'est douloureux sur le*

moment ; le second, aiguillonné par les sens, court après les plaisirs immédiats. »

Ce choix nous est sans cesse offert, pas de temps en temps, mais constamment : opter pour la poursuite du plaisir ou pour celle du bonheur véritable. Cette dernière est en général très douloureuse au début, mais finit par nous procurer le fruit de la béatitude. Et le plaisir sensuel est par contre facile à obtenir, mais il engendre la souffrance.

« Tu as bien fait de renoncer à ces plaisirs fugitifs, si chers aux sens, Nachiketas, et de tourner le dos aux voies de ce monde, qui conduisent les humains à oublier le but de la vie. Grande est la distance qui sépare la sagesse de l'ignorance. La première nous conduit à la réalisation du Soi ; la seconde nous éloigne de plus en plus de notre Soi réel. Nachiketas, je considère que tu es digne de recevoir mon enseignement, car les plaisirs fugaces ne te tentent pas. »

Tu es donc un bon *sadhak* et je vais t'instruire. Il est inutile d'enseigner la science de la réalisation du Soi à quelqu'un qui ne croit qu'aux plaisirs des sens, parce que ça ne l'intéresse absolument pas. Même pour écouter un discours spirituel ou lire les Ecritures, il faut avoir au moins un pour cent d'intérêt pour quelque chose qui dépasse ces plaisirs. Et Nachiketas a certes plus d'un pour cent d'intérêt.

« Rares sont ceux qui entendent parler de l'Atman, plus rares encore ceux qui consacrent leur vie à le chercher. Celui qui parle de l'Atman est merveilleux ; peu d'êtres font du Soi le but suprême de leur vie. L'éveil qui s'est produit en toi ne s'obtient ni par la logique ni par l'érudition, mais en étant proche d'un maître réalisé. Nachiketas, tu es un sage,

car tu cherches le Soi éternel. Puissions-nous avoir plus de chercheurs comme toi. »

Comment parvenir à cette connaissance ? Essentiellement grâce à la compagnie d'un être réalisé.

« Sache que le Soi est le Seigneur du char. »

Maintenant, après avoir fait son éloge en tant que *sadhak*, il lui dispense son enseignement. Qu'est-ce que le Soi ?

« Sache que le Soi est le Seigneur du char, que le corps lui-même est le char ; l'intellect est le conducteur et le mental les rênes. Les sens sont les chevaux ; les désirs égoïstes sont les routes qu'ils empruntent. »

L'intellect est donc le conducteur, le corps est le char, le mental forme les rênes et à quoi les rênes sont-elles reliées ? Aux sens. Et où vont les sens ? Si les objets des sens consti-tuent la route, voilà le trajet qu'ils suivent. Les sens parcourent les routes, les objets des sens. Par exemple le sens de la vue voit les objets, le nez perçoit les bonnes odeurs, les oreilles entendent la belle musique. On peut les comparer à des routes ; chacun des sens est comme un cheval. Et le mental constitue les rênes, l'intellect décide de la direction qu'ils empruntent. Voilà ce que cela signifie.

« Chez celui qui manque de discernement et dont le mental est indiscipliné, les sens courent dans toutes les directions, comme des chevaux sauvages. »

Lorsque nous n'avons ni contrôle, ni discernement, les sens vont où ils veulent. Vous en avez sûrement fait l'expérience. Vous traversez la cuisine, vous apercevez quelque chose de bon à manger et vous y allez tout droit. Vous alliez faire autre chose, puis vos yeux, votre nez ont été stimulés par la nourriture, votre langue le sera dans quelques instants. Quelle en est la cause ? Les rênes sont lâches ; le discernement a disparu. Nous suivons les sens là où ils nous entraînent. C'est ce que nous faisons tout le temps. L'ouïe, la vue, tout marche de la même manière. Le mental est tiraillé par les sens qui l'entraînent dans toutes les directions.

> *« Celui qui est doté de discernement et qui concentre son mental sur un seul objet obtient un mental pur et atteint l'immortalité. Ceux qui n'accèdent pas à cet état connaissent des morts successives. Mais pour celui qui est capable de discerner, dont le mental est apaisé et le cœur pur, le voyage est terminé et jamais plus il ne tombe sous les griffes de la mort. Grâce au discernement de son conducteur de char, l'intellect, grâce à la force de ses rênes, un mental entraîné, il parvient au but suprême de la vie : l'union avec le Dieu d'Amour. »*

Donc, quand nous avons les rênes en main, c'est-à-dire quand les sens agissent comme nous le voulons au lieu que nous agissions comme ils le veulent, le mental s'apaise, car la seule chose qui l'agite réellement ce sont les sens toujours en mouvement. Si nous contrôlons les sens, le mental devient calme. Et dans un mental tranquille, nous voyons se refléter en nous le Dieu d'amour, le *Paramatman*. C'est l'état d'immortalité, la réalisation de Dieu.

« Lève-toi ! Réveille-toi ! »

Non, pas vous (*rires*). Il parle à Nachiketas. Bien que Nachiketas ne dorme pas, il lui dit : « *Cherche un maître éveillé, mets-toi sous sa direction et réalise le Soi.* »

Vous avez peut-être entendu cette célèbre citation, eh bien elle est tirée de cette *Upanishad* : « *Les sages nous disent que la voie est tranchante comme le fil du rasoir et difficile à parcourir.* »

La vie spirituelle, la voie spirituelle, est tranchante comme le fil d'un rasoir. Elle est donc très aiguisée.

« Le Soi suprême est au-delà des noms et des formes, au-delà des sens, inépuisable, sans commencement ni fin. Le Seigneur a orienté les sens vers l'extérieur ; c'est pourquoi nous regardons le monde extérieur, sans voir l'Atman à l'intérieur. »

Le Seigneur a créé les sens ainsi : pour que le mental aille vers l'extérieur, qu'il s'écoule à travers les sens, si bien que nous manquons ce qui est à l'intérieur, le trésor de *l'Atman*.

« Le sage retire ses sens du monde, du monde de l'éphémère ; regardant vers l'intérieur, en quête d'immortalité, il contemple le Soi immortel, l'Atman. »

Un être spirituel, un sage, poussé par le désir d'échapper à la mort (il ne s'agit pas de la mort du corps mais du sentiment que l'on meurt quand le corps meurt) regarde à l'intérieur ; apaisant ses sens, il regarde à l'intérieur et obtient la vision de *l'Atman*, parvenant à l'immortalité.

Nachiketas dit : « Bon, et ensuite, comment accéder à cet état ? »

Yama répondit :

« L'Atman est sans forme et ces deux yeux de chair ne peuvent le voir. Mais il se révèle dans le cœur purifié par la méditation et la maîtrise des sens. Celui qui le trouve est délivré à jamais du cycle des naissances et des morts. Les cinq sens sont en paix, le mental est en paix, l'intellect est en paix, c'est ce que les sages appellent l'état suprême. Ils disent que le yoga est une paix totale, dans laquelle on accède à l'état d'unité, pour ne plus jamais connaître le sentiment de séparation. Tant que l'on n'est pas établi dans cet état, le sentiment

d'unité va et vient. Cet état ne s'obtient ni par la parole, ni par la pensée, ni par le regard. Comment pourrait-on y accéder, sinon grâce à un être lui-même établi dans cet état ? Il existe deux « je » : l'ego séparé et l'Atman indivisible. Lorsque nous transcendons le sentiment du moi et du mien, l'Atman se révèle à nous comme notre propre Soi. Le mortel qui renonce à tous les désirs qui surgissent dans son cœur devient immortel. Quand tous les nœuds qui étranglent le cœur sont desserrés, le mortel devient immortel. Cela résume les enseignements des Upanishads. Le Dieu d'amour, pas plus gros que le pouce, demeure dans le cœur de tous. Extrais-le de l'enveloppe physique comme on arrache une tige d'herbe. Sache que tu es pur et immortel, sache bien que tu es pur et immortel. »

Nachiketas apprit du roi de la Mort la discipline de la méditation et se libéra du sentiment de séparation. Il parvint à l'immortalité en Brahman, l'Être suprême. Béni est en vérité celui qui connaît le Soi.

L'enseignement de Yama est donc très clair : apaise le mental grâce à des pratiques spirituelles. Tu obtiendras ainsi la vision de Dieu ou du Soi, l'état suprême. L'individualité se fond ensuite dans l'océan de béatitude. C'est l'état d'immortalité.

Nachiketas est donc l'exemple d'un jeune des temps anciens qui est parvenu à la réalisation. Nous allons parler d'une autre sainte, Andal, qui était très jeune, comme Amma et à qui elle ressemble par bien des aspects.

Histoire d'Andal et de Bhagavan Sri Vishnou

Il était une fois un *Mahatma* qui vivait il y a mille deux cents ou mille trois cents ans au Tamil Nadou, près de Maduraï. Il y avait là un groupe de saints appelés les « *Alwars* », ce qui signifie « les êtres plongés dans la conscience de Dieu. » Ils n'ont pas tous vécu à la même époque. L'un d'eux s'appelait *Perialwar*, c'est-à-dire « l'ancien » ou le « grand *alwar* », parce qu'il avait une relation particulière avec Dieu. Sa divinité d'élection était Krishna, avec qui il avait la relation d'un père avec son enfant. Il vénérait donc le bébé Krishna, Bala Krishna, et c'est la vision de Dieu qui lui fut accordée. On l'appelait Perialwar parce qu'il était pour ainsi dire le parent de Dieu.

Il était renommé pour sa sainteté, même les rois avaient entendu parler de lui et le respectaient. Il avait une très belle *sadhana*. Il cultivait des jardins de fleurs et de *tulsi* (le basilic, une plante que Vishnou - et donc Krishna - affectionne) et tous les jours il faisait une guirlande, une longue guirlande qu'il offrait à Vishnou dans le temple.

Un jour alors qu'il travaillait au jardin, ôtant les mauvaises herbes autour des plants de *tulsi*, il trouva un bébé, une petite fille apparue là mystérieusement. Perialwar se demanda bien d'où elle venait. Il regarda aux alentours, sans découvrir aucune trace de ses parents, rien. Il pensa alors : « C'est un cadeau que Dieu m'envoie. » Il prit la petite fille et l'éleva. Il lui donna le nom de Gorda, « née de la terre », comme si elle était sortie du sein de la terre. Il l'éleva pour qu'elle vénère le Seigneur comme lui. Elle le voyait tous les jours adorer Dieu et se plonger dans la conscience divine. Elle prit donc naturellement les mêmes habitudes que lui.

Gorda avait une très belle relation à Dieu, qui n'était cependant pas la même que celle de son père adoptif. Elle considérait *Bhagavan* comme son Bien-aimé. Elle voulait épouser *Bhagavan*, être la jeune épouse de Dieu. Vous avez sans doute entendu parler de noces mystiques, quand Dieu est considéré comme le Bien-aimé, avec lequel on veut s'unir à jamais. C'était le sentiment qu'elle éprouvait, qui jaillissait spontanément de son cœur. Voilà ce qu'elle faisait : Perialwar confectionnait de magnifiques guirlandes, qu'il mettait dans un panier. Il allait ensuite prendre son bain, et se rendait au temple dans la soirée pour offrir la guirlande à Dieu. Pendant qu'il allait se laver, elle prenait la guirlande, la mettait et se regardait dans un grand miroir en pensant : « Suis-je assez belle pour *Bhagavan* ? » Elle se demandait s'Il l'épouserait, regardait dans le miroir si elle était assez jolie. Puis elle enlevait la guirlande et la remettait dans le panier avant que son père revienne.

Elle fit cela longtemps en cachette. Un jour, *Bhagavan* décida qu'Il voulait que tout le monde connaisse la dévotion de Gorda. Il fit donc en sorte qu'un soir, quand Perialwar apporta la guirlande au temple, le prêtre remarque dans la guirlande un long cheveu noir. Il s'exclama : « Mais qu'est-ce que c'est que ça ? Un cheveu ? Quelqu'un a porté cette guirlande ? Mais c'est une ineptie ! Comment peux-tu l'offrir à Dieu ? Tu l'as déjà offerte à quelqu'un d'autre ! » Ce fut un choc pour Perialwar. En rentrant, il ne dit rien à Gorda, il pensa qu'il essayerait de la prendre sur le fait. Ce jour-là, il ne put donc pas offrir sa guirlande à *Bhagavan*.

Le lendemain il confectionna un autre *mala*, qu'il posa dans le panier et sortit comme s'il allait prendre son bain. Mais il revint de l'autre côté et regarda par la fenêtre. Il vit Gorda mettre la guirlande et se regarder dans le miroir, tournant d'un côté, puis de l'autre. Elle n'était pas en train de s'admirer avec complaisance, elle se demandait simplement si *Bhagavan* serait heureux de l'épouser. Alors Perialwar se précipita. Il s'exclama : « Mais c'est un sacrilège... C'est horrible ! Qui t'a appris cela ? » Gorda, un peu intimidée, ne dit rien. Ce soir-là, de nouveau, il ne put aller offrir la guirlande au Seigneur. Il était très contrarié. Il s'endormit et eut un rêve. Vishnou lui apparut et dit : « Perialwar, ne m'offre pas de guirlandes excepté celles portées par Gorda. Son amour y ajoute un tel parfum que je n'aime plus les autres ! Assure-toi qu'elle porte chaque guirlande avant de me l'offrir. » Il fut pour le moins surpris ! Il comprit que cette enfant était une enfant divine, une enfant chérie de Dieu. Et il changea ensuite son nom, il l'appela Andal, ce qui signifie : « Celle qui baigne dans les qualités de Dieu. » En d'autres termes, « Celle qui est remplie de Dieu. »

Andal et ses amies avaient l'habitude d'aller chaque matin au temple consacré à Krishna, surtout l'hiver, en décembre-janvier. Elles se baignaient dans le bassin attenant, puis elles entraient dans le temple et chantaient des chants à Krishna, Lui demandant de se réveiller, de les épouser et d'accorder la paix au monde. Les chants qu'elle a écrits sont très beaux. L'un d'eux, un chant de trente strophes, est appelé Tirupaavai. Cela se passait il y a plus de mille deux cents ans, mais ils sont encore chantés de nos jours en hiver dans les temples du Sud de l'Inde consacrés à Vishnou. En réalité, ils sont d'une telle beauté que tous les Vaishnavas les chantent chez eux.

Cela dura longtemps, et Andal arriva enfin à l'âge adulte ; il était temps pour elle de se marier. Perialwar s'inquiétait un peu, car elle semblait presque folle de Dieu. Il pensait comme beaucoup de gens : « Marions-la, cela la ramènera sur terre. » Il se mit à chercher un époux qui conviendrait à Andal. Quand elle apprit cela, elle en fut très fâchée.

Vous avez peut-être lu dans la biographie d'Amma combien de fois ses parents ont essayé de La marier. C'était impossible. Chaque fois, Elle y a fait obstacle. C'est très intéressant de voir jusqu'où Elle est parfois allée. Un jour ils ont amené un garçon à qui ils voulaient La présenter, et Elle s'est mise à la fenêtre de la cuisine avec un pilon en l'agitant comme si Elle allait le battre et le réduire en bouillie. Le mari potentiel s'est enfui à toutes jambes. Elle fit vraiment tout pour décourager ses parents de La marier. Ils finirent par abandonner, après avoir consulté un astrologue qui leur dit que c'était une grande chance qu'ils n'aient pas réussi car le mari serait sans doute mort très vite. Elle n'était pas destinée à épouser qui que ce soit. Amma est un être divin, une *yogini*. L'astrologue ne l'avait jamais rencontrée. Mais rien qu'en regardant l'horoscope, il a pu le dire aux parents.

De même Andal ne voulait pas se marier. Perialwar était aussi un *mahatma*, ce n'était pas un être ordinaire ; sachant qu'elle était une sainte, il ne voulait pas la forcer.

« Bon, d'accord, que veux-tu ? Que veux-tu faire de ta vie ? »

« Je ne veux épouser que *Bhagavan*. »

« Quel *Bhagavan* veux-tu épouser ? »

« Vishnou »

« Quel Vishnou ? Il y a tant de Vishnous.»

« Que veux-tu dire ? »

« Eh bien, il y a tant de temples consacrés à Vishnou. »

Il lui énuméra les différents Vishnous, celui-ci et celui-là et quand il lui parla de Ranganatha à Srirangam (il y a un magnifique temple de Vishnou à Srirangam), elle rougit. Alors il ne l'interrogea plus parce qu'il avait compris que c'était celui-là qu'elle voulait épouser, celui-là qu'elle voyait dans ses rêves et dans sa méditation.

Il songea alors : « D'accord, comment vais-je marier cette fille à une pierre ? C'est impossible, parce que Vishnou n'est pas une pierre, mais Sri Ranganathan est bel et bien une statue de pierre. Comment vais-je marier ma fille de chair à un Dieu de pierre ? »

Il ne savait pas quoi faire. Cette nuit-là, de nouveau, il fit un rêve. Ranganatha lui dit : « Ne t'inquiète pas, Je m'occupe de tout. » Perialwar appela donc sa famille, ils mirent Andal dans un palanquin et ils se mirent en route. Pendant ce temps, Sri Ranganathan apparut aux prêtres du temple de Srirangam et leur dit : « Ma bien-aimée, ma fiancée arrive, préparez tout pour la cérémonie de mariage. »

Donc, quand toute la famille arriva au temple, les prêtres reçurent Andal avec tous les honneurs, comme si elle était la bien-aimée de Dieu. Mais personne n'avait la moindre idée de ce qui allait se passer, de la manière dont le mariage allait se dérouler. Bon, au mieux, Andal allait entrer dans le temple, on ferait quelques rituels et tout serait fini, elle rentrerait avec son père, heureuse pour le restant de ses jours, puisqu'elle serait l'épouse de Dieu. C'est ce que tout le monde pensait. Mais les choses se déroulèrent autrement.

Ils entrèrent dans le temple et quand Andal vit Sri Ranganathan, cette image de Dieu qu'elle n'avait jamais vue, elle pleura et une grande lumière émana d'elle. Comme en transe, elle se dirigea vers la statue, et une fois à côté de l'idole, elle se mit à rayonner de plus en plus pour finalement disparaître, devenue pure lumière.

Tout le monde était sous le choc, surtout Perialwar qui avait perdu sa fille. Mais tout devint alors clair pour lui : il comprit qu'elle était la Mère divine Elle-même.

C'est arrivé aussi à une autre sainte. Je ne vais pas vous raconter toute l'histoire de Mirabaï, elle est bien connue. Elle aussi était folle d'amour pour Krishna et sa vie s'est terminée de la même manière. Elle entra dans un temple dédié à Krishna à Dwaraka, elle s'approcha de l'idole et se fondit dans la lumière. Il n'y a pas de tombe, pas de *samadhi* de Mirabaï. Ces deux saintes ont disparu ainsi. Il existe un beau poème écrit par un dévot bengali en l'honneur d'Andal. Il l'écrivit après avoir lu son histoire. Le voici :

Comme une fontaine bénie jaillissant
Du plus profond de ton cœur si riche, Ô Sainte,
Tu offrais ton amour sacré, cristallin
Et tes extases à Dieu ;
Oiseau aux ailes déployées dans l'allégresse,
Survolant les sommets de l'adoration ;
Le ciel et la terre se réjouissaient

Du nectar de tes mélodies et les savourent encore ;
Ton amour n'était pas de cette terre,
Aucune femme ne souffrit une telle langueur
Pour un amour humain.
Tu épousas donc le grand Dieu lui-même,
Ô but au-delà de notre connaissance,
Au-delà de notre faible discernement !
Et âme contre âme,
Comme un rayon de soleil dans le soleil,
Tu t'es évanouie, Ô Mystique !

Om Namah Shivaya !

Satsang à M. A. Center,
Cassette 1, face B

La foi en Amma

Je voudrais d'abord dire à tous que je suis très heureux de vous revoir, et d'être de retour. J'ai passé un mois en Inde. Comme la plupart d'entre vous le savent, j'y suis allé parce que j'étais en mauvaise santé depuis longtemps. Amma m'a pris une fois dans Ses bras et ce fut plus ou moins la fin du problème. Cela m'amène au sujet de ce soir, c'est-à-dire à la foi en Amma.

Une foi parfaite, c'est la réalisation du Soi

Amma dit (et nous le savons tous, puisque nous nous tournons vers la spiritualité) que le but de la vie humaine est de réaliser Dieu. Elle dit que seule la béatitude de la réalisation est à même de satisfaire notre soif de bonheur, impossible à étancher, quoi que nous fassions. Dans la mesure où cette soif est infinie, seul l'infini peut la combler. En effet nos actions limitées nous apportent une joie limitée, mais jamais le contentement que nous recherchons. Et cette soif est inextinguible. Impossible de dire : « Oh, j'en ai assez ! Voilà, maintenant, je vais simplement être heureux. » Tant que nous ne nous sommes pas fondus en Dieu, tant que nous n'avons pas réalisé notre propre Soi, nous ne pouvons pas être heureux.

Pour y parvenir, Amma déclare que notre foi doit être sans faille. En vérité, une foi parfaite est la réalisation du Soi, la réalisation de Dieu. Voilà une affirmation un peu énigmatique. Que veut-Elle dire par là ? Pour le moment, le monde et le corps sont réels à nos yeux, ce sont même les seules réalités. Et Dieu (*l'Atman*, le Soi) n'existe pas, Il nous apparaît comme une pure abstraction. Les gens utilisent le nom de Dieu de nombreuses manières, et c'est à peu près la seule réalité qu'ils donnent à Dieu : un mot, non une expérience. C'est ce qui s'appelle *maya* ; quand nous avons ainsi le sentiment que Dieu n'est pas réel, que *l'Atman* n'existe pas et que le corps, la personnalité et le monde sont réels, cela signifie que nous sommes sous l'influence de *maya*. Et c'est pourquoi nous passons à côté du bonheur infini de la réalisation de Dieu. Amma nous dit en conséquence de cultiver l'attitude opposée : Dieu seul existe, *l'Atman* seul est réel, le corps, la personnalité et le monde sont irréels, ce ne sont que des rêves dans l'existence cosmique, dans la pure Conscience. Il ne suffit pas de le penser, de cultiver cette attitude, il faut encore vivre selon ce principe, ce qui est beaucoup plus difficile. En fait, c'est la principale difficulté dans la vie spirituelle. Celle-ci ne se résume pas à réciter son *mantra* cent huit fois matin et soir, à aller au temple, à faire une *puja*, à méditer, à visiter des lieux sacrés et à venir voir Amma. Non, ce n'est pas le tout de la vie spirituelle. La véritable vie spirituelle consiste à vivre sur la foi que Dieu seul existe et que seul *l'Atman* est réel. Tout le reste est un rêve. C'est cela la vraie spiritualité, la vraie religion ; c'est le *dharma*, c'est *tapas*, c'est la somme de la vie spirituelle.

Histoire de l'athée qui tombe d'une falaise

Beaucoup d'entre vous connaissent cette histoire ; elle illustre exactement ce point. En outre, elle est très drôle. C'est l'histoire de l'athée qui tombe d'une falaise. Il est en train de courir et voilà qu'il dégringole. Dans sa chute, il réussit à attraper une branche qui sort du flanc de la montagne. Il s'accroche à cette branche et environ trois cent mètres au-dessous se trouve la crevasse où il allait tomber. Il allait s'écraser, être réduit en morceaux. Il se cramponne donc, faiblit de plus en plus et il n'en peut plus ; il s'efforce de trouver une solution à cette situation difficile. Il finit par avoir une idée : « Dieu ! » Jusqu'alors, il ne s'est jamais soucié de Dieu, il n'a jamais songé à Lui. Et voilà qu'il pense : « Dieu ! » et il crie : « Eh, Dieu ! » Pas de réponse. Il se dit : « Qu'est-ce que j'ai à perdre ? Je vais essayer encore une fois. Peut-être qu'il ne m'a pas entendu. Oh Dieu ! Si Tu me sauves, je croirai en Toi pour le restant de mes jours. Je répandrai Ta gloire dans le monde entier ! » Pas de réponse. Silence.

« Eh, Dieu, est-ce que Tu ne m'entends pas ? Vraiment, si Tu me sauves, je croirai en Toi. »

Silence. Et au bout d'un moment une voix formidable, une voix de tonnerre monte de la vallée.

« Vous dites tous ça quand vous avez des ennuis. »

L'homme jubile. Il répond : « Non, non, Dieu. Je suis différent ! Je ferai tout ce que Tu me diras. Sauve-moi et je répandrai Ta gloire dans le monde entier ! »

La voix dit : « D'accord, lâche cette branche. »

L'homme s'exclame : « Non mais, Tu me prends pour un fou ! »

C'est à cela que se réduisait sa foi ! Il avait beau entendre la voix de Dieu, il n'a pas pu Lui obéir. Sa foi dans le monde matériel était plus forte.

C'est le nœud du problème. Amma nous dit :

« *Ayez foi en Dieu, ayez foi en un maître réalisé. Ce sera parfait, tout ira bien. C'est la clé magique qui nous permet d'accéder à la perfection et de trouver le bonheur.* »

Mais quand il s'agit de faire face aux difficultés pratiques en faisant appel à la foi en Dieu, celle-ci s'évanouit et nous voilà de retour dans le monde. Tout va bien tant que nous chantons des *bhajans* ou que nous sommes dans les bras d'Amma. Mais au moindre petit problème, tout disparaît.

La *Bhagavad Gita* insiste beaucoup sur la foi, au sens où celle-ci détermine ce que nous sommes. Aux yeux de Dieu ou d'un être réalisé, notre niveau est déterminé par le degré ou l'intensité de notre foi. Krishna dit donc dans la *Gita* :

> « *La foi de chacun est en accord avec sa nature. La foi constitue l'homme.* »

Voilà donc ce que nous sommes : Ce en quoi nous plaçons notre foi. Quelle en est la force ? C'est ce qui indique exactement notre degré d'évolution. Et nous avons tous foi en quelque chose, car sans cela, comme le dit Amma dans les paroles que nous allons lire, il est impossible d'exister. Pourquoi ?

La foi est nécessaire pour réaliser Dieu

Quelqu'un a demandé à Amma :

> «*Affirmer l'existence de Dieu, n'est-ce pas de la foi aveugle ?*»

Selon Amma, la foi n'est jamais aveugle, ou bien alors toute foi est aveugle. Pourquoi ? Voilà ce qu'Elle a répondu :

> « *Mes enfants, la foi est nécessaire pour vivre. A chaque pas, nous avançons sur la foi qu'il n'y a rien de dangereux devant nous. Si nous soupçonnons qu'il y a peut-être un serpent venimeux sur le chemin, nous ne posons pas le pied par terre. Si nous mangeons la nourriture servie dans les restaurants, c'est bien parce que nous la croyons saine. Il y*

a pourtant des gens qui meurent empoisonnés, n'est-ce pas ?
La vie deviendrait impossible sans cette confiance aveugle.

Quand nous montons dans le bus, nous avons une foi
aveugle dans le chauffeur, bien qu'il soit un parfait étran-
ger. Il pourrait même provoquer un accident. Combien
d'accidents de bus et de voiture se produisent chaque jour ?
Malgré cela, qu'est-ce qui nous pousse à voyager en bus ou
en voiture ? N'est-ce pas la foi ? Et les voyages en avion ? En
général, si un avion s'écrase, personne n'en réchappe vivant,
et pourtant nous croyons que le pilote nous amènera sain et
sauf à destination.

Prenez le cas d'un homme d'affaires. Pourquoi se lance-t-il
dans une entreprise ? C'est bien parce qu'il croit qu'il pourra
en retirer un certain profit. Quelle garantie avons-nous que
tout se déroulera comme nous l'espérons ? Aucune. Alors
pourquoi continuons-nous à faire tout cela ? La foi ! »

Mais Amma établit une distinction entre la foi ordinaire,
celle que nous plaçons dans les choses de ce monde, et la foi en
Dieu, en la spiritualité, la foi en un être réalisé.

« *La foi authentique est différente de cette croyance ordi-*
naire. Elle devrait naître de principes significatifs, sinon elle
ne mérite pas le nom de foi. C'est grâce à une telle foi que
nos ancêtres vivaient dans la conscience de Dieu. Aucun
d'eux ne croyait de façon aveugle. »

Que veut-elle dire ? Ils ne croyaient pas en Dieu, ils faisaient
l'expérience de Dieu.

« *Ceux qui ont la vision directe de Dieu deviennent les*
témoins de Son existence. Le fait que nous ne L'ayons pas
vu ne diminue en rien la valeur de leur témoignage. Ceux

qui L'ont vu ont indiqué aux autres le chemin à suivre pour parvenir à cette expérience. N'est-il pas injuste de rejeter leurs déclarations sans avoir d'abord au moins essayé de suivre leurs conseils ? Refuser quelque chose d'emblée, sans avoir essayé, n'est-ce pas de la foi aveugle ? »

Les *rishis*, les *mahatmas* nous disent qu'ils ont vu Dieu et que nous devrions nous efforcer de Le voir aussi ; ils nous décrivent le moyen d'y parvenir. Pourquoi croirais-je donc que ce sont des absurdités ? Comment puis-je savoir qu'ils ont vu Dieu ? C'est un peu comme si votre grand-père vous parlait de son propre grand-père. Comment savoir s'il l'a connu ? Vous ne pouvez pas prouver qu'il a vu votre arrière- arrière-grand-père. Cependant, il a dû le voir. Vous acceptez son autorité. De la même manière, nous reconnaissons l'autorité des sages qui déclarent que Dieu existe, qu'ils L'ont vu et que telle est la voie qui permet de Le voir. Il est donc essentiel d'avoir foi en un *guru*, un maître réalisé. C'est le point de départ si l'on cherche à réaliser Dieu.

« Pour nous rendre en un lieu inconnu, il nous faut un guide digne de confiance. Si tel est le cas dans le domaine physique, que dire lorsqu'il s'agit d'atteindre la Réalité mystérieuse et suprêmement subtile ! Pourquoi donc critiquer ceux qui placent leur foi en un maître réalisé ? »

Il faut être un enfant...

La foi est donc nécessaire pour réaliser Dieu, mais cela ne s'arrête pas là. On peut dire qu'elle est nécessaire à la qualité de la vie. En fait, c'est le secret d'une vie parfaite, grâce à la foi en Dieu ou dans le *guru*. Amma explique pourquoi il en est ainsi :

« La foi en Dieu nous donne la force mentale nécessaire pour affronter les difficultés de la vie. La foi en l'existence de Dieu est une force protectrice. Elle nous procure un sentiment de sécurité face à toutes les mauvaises influences du monde ; avoir foi en l'existence d'un pouvoir suprême et vivre selon ce principe est ce que l'on appelle la religion. Celle-ci développe en nous le sens moral, ce qui contribue à nous éloigner des influences néfastes. Nous ne buvons pas, nous ne fumons pas, nous cessons de gaspiller notre énergie en commérages et bavardages inutiles. La moralité, la pureté du caractère, est un marchepied vers la spiritualité.

La foi construit en nous ces différentes marches vers la vraie spiritualité, sans parler du bienfait que représente le fait de garder un mental paisible et fort au milieu des problèmes de la vie. Nous développons également des qualités telles que l'amour, la compassion, la patience, l'équilibre mental et d'autres traits positifs. Cela nous permet d'aimer et de servir tous les êtres de manière égale. La religion est la foi. La foi engendre l'harmonie, l'unité et l'amour. Un athée doute toujours, il ne croit pas à l'unité, à l'amour. Il aime disséquer et diviser. Tout est nourriture pour son intellect. Il n'a aucune paix, il est toujours agité. Comme il doute sans cesse et qu'il n'a pas foi en un principe supérieur, le fondement de sa vie est instable et éparpillé. »

Vous savez, nous avions l'habitude de lire le *Bhagavatam*, le *Ramayana*, le *Mahabharata*, toutes ces histoires anciennes écrites par les sages il y a des milliers d'années. Les *rishis* nous ont indiqué de ne pas les aborder avec l'intellect. Il est inu-tile de tenter de comprendre le sens profond de ces histoires. Mieux vaut les lire comme les enfants lisent leurs livres d'histoires car cela nous rendra semblables à des enfants. Comme Amma ne cesse de nous le répéter depuis des années, nous sommes beaucoup trop dans la tête. C'est pourquoi nous ne sommes pas heureux : notre cœur est desséché. Notre concentration, notre attention, sont entièrement tournées vers la tête, l'importance exclusive est donnée à la pensée, à la compréhension, à la connaissance. Le sentiment est absent.

Certes, il nous faut un peu de tout cela. L'intellect en lui-même n'est pas mauvais, nous en avons besoin. Mais pour utiliser une comparaison, ce n'est pas là que se joue la pièce principale. Le lieu du drame, c'est le cœur ; c'est là que Dieu réside. C'est dans le cœur que brille *l'Atman*, non dans l'intellect. L'intellect n'est que la conséquence. En étant comme un enfant, nous trouvons la foi et le bonheur. Non ? Qu'a dit le Christ ? « Il faut être un enfant pour entrer au royaume des Cieux. » Les sages ont tous dit la même chose ; seule la formulation varie.

A ce moment-là, Dieu vit en vous

> *« Une personne à la foi authentique est stable et solide. Un être religieux est capable de trouver la paix. »*

Rappelons-nous que quand Amma emploie le mot religion, il ne s'agit pas pour Elle simplement d'adhérer à une religion et d'y croire. Il s'agit d'avoir foi en Dieu, de croire aux principes spirituels ou à l'Etre divin, même si l'on ne pratique aucune religion officielle. Et Elle ajoute : « Une personne dotée de foi croit à l'unité, à l'amour et à la paix, non à la division et au désaccord. » Amma ne parle pas de la religion au sens étroit, mais dans son sens le plus large.

> *« Dépourvus de foi en un pouvoir suprême, les athées n'ont rien à quoi se raccrocher, personne à qui s'abandonner totalement lorsqu'ils rencontrent l'adversité. Pour un croyant, Dieu est le Dieu suprême, l'Etre suprême. Dieu est une*

*expérience. Dans la mesure où l'amour désintéressé, la
compassion, la patience, le renoncement et d'autres vertus
se manifestent à travers nous, Dieu vit en nous. »*

Voilà des paroles très encourageantes. Amma dit que quand
nous manifestons ces qualités, comme par exemple l'amour
désintéressé, si nous montrons de l'amour envers quelqu'un sans
rien attendre en échange, ou si nous exprimons de la compassion,
de la patience, si nous renonçons à quelque chose de nocif, à ce
moment-là, Dieu vit en nous. Dieu est déjà en nous, mais Il se met
à briller, Sa présence se manifeste à l'intérieur. Nous ressentons
alors le bienfait de ce style de vie. C'est l'expérience de tout le
monde ; ceux qui cultivent ces vertus pendant un certain temps
ressentent une joie raffinée, qui n'a rien à voir avec celle que nous
procure le fait d'obtenir, de jouir, de prendre. C'est la joie du
cœur qui s'ouvre, et elle est beaucoup plus subtile. Lorsque nous
cultivons ces principes spirituels, ces vertus, voilà le bienfait que
nous en retirons.

*« Si un non-croyant a en lui une de ces qualités, il en retirera
les mêmes bienfaits qu'un croyant. « Croire » ne signifie
pas avoir foi en un dieu ou une déesse, mais reconnaître la
valeur de certains principes supérieurs pour lesquels on est
prêt à tout sacrifier. Si ces qualités sont les principes selon
lesquels il vit, l'athée est pareil au croyant. Par contre, si ces
vertus ne sont qu'extérieures, s'il ne les possède qu'en surface,
il n'en retirera pas les mêmes bienfaits qu'un croyant. Les
athées aiment souvent parler, sans mettre leurs paroles en
pratique. Ils sont creux et ne parlent que pour impressionner leur auditoire. Ils n'ont rien à quoi se raccrocher ; pour
maîtriser les problèmes de la vie, il leur manque la foi en
un gouverneur suprême de l'univers. »*

Histoire de Job

Il y a une belle histoire dans l'Ancien Testament, c'est celle de Job ; nombre d'entre vous la connaissent, mais cela vaut la peine de la répéter.

Job était un être très vertueux. Il était riche, très riche ! Il était en fait l'homme le plus riche du pays. Il avait des milliers de têtes de bétail, des milliers de moutons, des dizaines de milliers de chameaux et de l'argent, des terres en abondance. Il avait en outre dix enfants. Il était si vertueux qu'il faisait chaque jour dix *pujas*. Pourquoi dix ? C'est qu'il avait dix enfants. Il s'inquiétait pour eux, au cas où ils auraient fait quelque chose de mal. Pour compenser, il accomplissait une *puja* en leur nom. Il savait que lui-même ne faisait rien de mal.

Il y eut un jour un *satsang* à *Brahma loka*, comme nous en tenons ici. Il y a aussi des *satsangs* dans les mondes supérieurs, mais oui, c'est vrai ! C'est ce qu'affirment les Ecritures. Et Dieu se trouvait là, de nombreux petits dieux aussi, les *devas*, ainsi que les êtres démoniaques, les *rakshasas*, les *pishashas*. Et dans la Bible, leur chef est appelé Satan. Il est un peu comme le chef de la mafia. J'ignore comment on le nomme dans les Ecritures de l'Inde, mais dans la Bible, c'est Satan. Il n'a pas nécessairement les oreilles en pointe, une queue, etc. Nous ne connaissons pas son aspect, mais nous savons qu'il est assez horrible.

Satan vint donc au *satsang*, parce que sur ce plan de conscience, tout le monde participe à ce qui se passe ; il n'est pas nécessaire d'être un grand dévot. Tout le monde accède après la mort à des mondes subtils, qui ne sont pas forcément *Brahma loka*. Satan se trouvait donc là et Dieu lui demanda :

« Satan, où es-tu allé aujourd'hui ? As-tu quelque chose de spécial à raconter ? »

Satan répondit :

« Je suis allé en bas, j'ai parcouru la Terre pour voir s'il y avait de l'ouvrage pour moi. »

Alors Dieu lui dit : « As-tu vu mon serviteur, Job ? Il est le meilleur de tous. C'est le meilleur homme de la Terre. L'as-tu vu ? »

Satan : « Oui, je l'ai vu. Qu'y a-t-il de si grand en lui ? Tu le récompenses très bien. Pourquoi ne t'adorerait-il pas ? Tu lui as prodigué propriétés, chameaux et enfants ; il a tout. Si tu veux réellement prouver sa valeur, ôte-lui ses richesses. »

Dieu : « D'accord, va et frappe-le des malheurs que tu voudras, mais épargne son corps. »

Satan redescendit donc sur Terre.

Le lendemain, Job était chez lui. Il reçut les nouvelles suivantes : la foudre avait frappé le bétail, qui était mort ; les tribus voisines avaient volé les moutons ; les chameaux étaient tous morts après avoir bu de l'eau empoisonnée. Comme si cela ne suffisait pas, les enfants se trouvaient tous réunis chez l'un des fils quand une tornade avait renversé la maison, les tuant tous.

Qu'a dit Job ? Qu'aurions-nous dit si cela nous était arrivé ?

« Je suis venu au monde nu, et j'en sortirai nu. Je suis arrivé les mains vides et je repartirai les mains vides. Que puis-je donc dire ? Dieu m'a tout donné, puis Il a repris tout ce qu'Il m'avait donné. Que Sa volonté soit faite. »

Voilà l'attitude de Job. C'est pourquoi Dieu le considérait comme Son plus grand dévot.

Puis le jour suivant, il y avait un *satsang* à *Brahma loka* et bien sûr, Satan se trouvait là. Il ne manque jamais un *satsang* ! C'est pour lui l'occasion de se livrer à quelque méfait. Et Dieu lui demanda :

« Alors, que s'est-il passé ? As-tu vu Job ? »

Satan : « Oui, c'est vrai, c'est quelqu'un de bien. Mais tant qu'il ne s'agit que des richesses, des possessions, tout va bien. Par contre si tu me laisses le rendre malade, s'il souffre vraiment dans son corps et qu'il ne te maudit pas, je serai d'accord pour dire qu'il est un grand dévot. »

Dieu répondit : « Bon, tu peux faire ce que tu veux, mais ne le tue pas. »

Satan descendit donc et le rendit malade en lui envoyant des abcès ; son corps entier en était couvert. Vous savez comme le moindre petit abcès est douloureux. Job en était couvert, ils éclataient, il en sortait du pus, les vers se mettaient dans les plaies. C'est ce que dit la Bible. Il était en piteux état et cela dura des mois. Si vous avez un abcès pendant une semaine, ce n'est pas bien grave, mais quand vous souffrez ainsi pendant des mois, que se passe-t-il ? Votre foi s'affaiblit.

Des amis sont venus voir Job pour le réconforter. Ils avaient entendu dire qu'il avait tout perdu, sa fortune, ses propriétés, ses enfants, qu'il n'avait plus rien. Il ne lui restait plus que sa femme et la maison où il vivait, et il était mortellement malade, il souffrait depuis si longtemps. Ils sont donc venus pour le réconforter et lui ont dit :

« Tu as dû faire beaucoup de mauvaises actions pour souffrir ainsi. »

Bon, il est naturel, quand nous voyons quelqu'un souffrir, de penser : « Cette personne a commis beaucoup de mauvaises actions, c'est pourquoi cela lui arrive. » Mais dans ces temps bibliques, ils ne croyaient pas à la théorie des vies antérieures. Il y a cette naissance, puis la mort, et c'est terminé. Pas de renaissance. Alors Job pensait :

« Mais qu'est-ce que j'ai fait dans cette vie ? Je n'ai rien fait de mal. Pourquoi m'accusent-ils ainsi ? »

Et ils lui donnèrent de nombreux arguments.

« Tu sais, si tu te repens de tes péchés, si tu les avoues à Dieu, tout ira bien. La maladie disparaîtra. »

Job se demandait : « Je n'ai rien fait de mal. Pourquoi me parlent-ils ainsi ? Pensent-ils être les seuls à savoir quelque chose ? Suis-je aussi stupide ? J'ai quelques petites choses à vous apprendre sur les voies de Dieu ! Non mais vous vous croyez des parangons de sagesse ! Vous croyez donc tout savoir ! »

Et il commença à se plaindre à Dieu. C'est très émouvant car quand nous souffrons beaucoup, nous agissons un peu de la même manière. À moins que notre foi ne soit très forte, c'est ainsi que nous nous exprimons. Alors que dit Job ?

« Ô Dieu suis-je une sorte de monstre pour que Tu me tortures ainsi ? Tu m'as ôté ma famille et ma richesse, Tu m'as réduit à un sac de peau et d'os, à cause de péchés que j'aurais soi-disant commis. Je vivais tranquille jusqu'à ce que Tu me brises. Tu m'as saisi par le cou et Tu m'as réduit en morceaux. Puis Tu m'as suspendu comme une cible sur laquelle tes archers décochent leurs traits.

Pourtant je suis innocent ! Tu ne me laisses même pas dormir en paix, Tu me donnes des cauchemars ! Faut-il que Tu m'envoies des épreuves à chaque instant de la journée ? T'ai-je fait du mal, à Toi, le Tout-puissant ? Si Tu m'accuses d'avoir mal agi, que puis-je répondre ? Je ne peux même pas me défendre contre Tes accusations parce que Tu n'es pas un être humain comme moi. Et nous ne pourrions même pas discuter de manière équitable, car personne ne peut jouer le rôle d'arbitre entre nous.

Ne Te contente pas de me torturer ! Dis-moi pourquoi Tu agis ainsi. Tu m'as créé et maintenant Tu me détruis. Je préfère mourir. »

Et à ses amis il répondit : « C'est là tout le réconfort que vous m'apportez ? Merci bien ! Qu'ai-je dit pour que vous prêchiez ainsi sans fin ? Etes-vous les seuls à savoir quelque chose ? Avez-vous le monopole de la sagesse ? Suis-je totalement ignorant ? Cessez de m'accuser ! Je sais discerner entre une action juste et une action injuste ! Et je pourrais vous en apprendre sur les voies de Dieu ! »

Il n'a donc pas vraiment maudit Dieu, mais il est sur le point de sauter le pas. Nous reconnaissons toutes les objections que nous soulevons quand les choses vont vraiment mal : « Pourquoi me traites-Tu ainsi ? C'est Toi qui m'as créé. Et si au moins Tu me disais pourquoi je souffre ainsi ! Mais à quoi sert de souffrir sans savoir pourquoi ? A quoi bon tout cela ? »

Voilà ce qui nous vient à l'esprit quand notre foi faiblit.

Satan a presque gagné. Et *l'ahankara* de Job, son ego, son arrogance, sa fierté, tous les défauts que chacun porte en lui, sont ressortis sous le poids de la souffrance. C'est une des raisons pour lesquelles nous souffrons : pour que tout cela sorte. Amma nous dit bien que tout ce qui est à l'intérieur doit sortir. Alors quand cela se manifeste, si vous savez le manier correctement, si vous en comprenez la nature et que vous décidez : « Je ne vais pas laisser ce sentiment s'emparer de moi, je ne vais pas recommencer, » alors vous êtes libéré. Vous devenez transparent comme une bouteille d'encre dans laquelle on verse de l'eau. Lorsque toute l'encre est sortie, c'est de l'eau pure qui s'écoule de la bouteille. Quand toutes ces impuretés sortent sous l'influence de la souffrance, la bouteille devient transparente et la présence de Dieu peut y briller.

Et quand le flot de ces impuretés fut à son maximum, Dieu lui parla. C'était un tourbillon, comme une tornade. Et la voix de Dieu en sortit :

« Pourquoi utilises-tu ton ignorance pour nier ma sagesse ? Tu emploies tous ces arguments ignorants pour dire que je ne sais pas ce que je fais en te traitant ainsi. Que sais-tu ? Prépare-toi à lutter car je vais te poser quelques questions, auxquelles tu devras répondre.

Eh bien puisque tu es si arrogant, puisque tu en sais tant que tu veux enseigner aux autres, dis-moi donc, je vais te poser quelques questions. A toi de répondre.

Où étais-tu quand j'ai posé les fondations de la Terre ? Sais-tu comment les dimensions en ont été déterminées et qui a surveillé les travaux ? En connais-tu l'ingénieur ? Qui a posé les limites des océans ? Sais-tu où se trouvent les portes de la mort ? Qui a creusé les vallées et qui a fait le soleil ? Qui a frayé la voie à la pluie et aux éclairs ? Qui accorde l'intuition et l'instinct ? Qui s'occupe des petits des animaux ? Veux-tu encore discuter avec moi ? As-tu les réponses, toi, le critique de Dieu ? »

Que ferions-nous si nous entendions cette voix ? Si nous sommes intelligent, si nous avons appris nos leçons, nous ferions la même réponse que Job : « Je ne suis rien. Comment pourrais-je jamais trouver les réponses ? Je me mets la main sur la bouche et garde le silence. J'en ai déjà trop dit. »

Alors Dieu, voyant qu'il y avait encore un peu d'ego en lui, ajouta : « Sois un homme ! Lève-toi et combats ! Laisse-moi te poser encore quelques questions. Vas-tu porter le discrédit sur ma justice et me condamner sans lutter ? »

« Je suis désolé, Seigneur, je ne sais rien. Dans ma souffrance, j'ai prononcé beaucoup de paroles inconvenantes. Aie pitié de moi, Ton enfant. »

Dieu fut satisfait. Job était devenu si humble, humble comme un enfant. C'est le but des difficultés et de la souffrance : nous rendre humbles comme des enfants pour que la foi puisse s'épanouir, pour que nous puissions ressentir la béatitude de la présence divine. Alors Dieu le bénit et il recouvra ses biens, ainsi que les terres et les animaux. Il eut dix autres enfants, une grande famille. Et il vécut cent quarante ans. Il vit même ses arrière-arrière-petits-enfants. Mais il avait appris la leçon. Et il mourut en paix.

Conclusion : si nous souffrons (et tout le monde souffre d'une manière ou d'une autre, à un moment ou à un autre) il ne s'agit pas de maudire Dieu, le *guru* ou Amma. Rappelons-nous que le but de la souffrance est de nous purifier, de nous rendre humbles, afin que notre foi grandisse et que nous goûtions la béatitude de la Réalisation.

Dans la *Bhagavad Gita*, une des dernières paroles de Krishna est :

« *Celui qui écoute cet enseignement dans la foi et qui est pur de toute méchanceté parviendra au monde heureux de la source du Dharma.* »

Donc, si nous avons une foi sans faille et que nous suivons ce chemin, nous accéderons au monde divin et nous nous fondrons en Dieu.

Om Namah Shivaya !

Satsang M.A.Center, 1994,
Cassette 2, face A

Développer la volonté

C'est aujourd'hui le nouvel an et une belle tradition veut en Occident que nous prenions des résolutions pour la nouvelle année. Ne pensons pas que cette coutume soit l'apanage de l'Occident ; il s'agit en fait d'une tradition spirituelle. Nous devrions chaque jour passer en revue le bon et le mauvais, ce qui nous rapproche du but et ce qui nous en éloigne. Puis, le soir au moment de nous coucher, prendre la résolution de faire mieux le lendemain. Et au lever prendre la résolution : « Aujourd'hui je vais surmonter mes faiblesses et cultiver un bon caractère. »

Mais c'est curieux, ici, le soir de la St Sylvestre, tout le monde décide de faire table rase et de devenir meilleur à partir du lendemain. C'est un curieux aspect de la nature humaine. Même si nous décidons que nous allons nous débarrasser de nos mauvaises tendances, de nos *vasanas*, nous découvrons que nos belles intentions ont la vie courte. C'est en général le cas des résolutions que nous prenons pour le nouvel an. Pourquoi durent-elles si peu de temps ? Il y a de nombreuses raisons à cela. C'est notre sujet d'aujourd'hui.

Les vasanas sont comme l'ours

La raison principale, c'est la faiblesse de notre volonté. Notre mental est faible. La volonté nous permet de mettre en pratique nos bonnes intentions. Mais nous en sommes en général incapables. Pourquoi ? Parce que le mental se laisse aisément distraire. C'est là le but de toutes les pratiques spirituelles. Nous désirons peut-être nous débarrasser d'une mauvaise habitude, mais voilà, elle ne veut pas nous quitter.

Voici une histoire :

Deux pauvres *sadhus* nageaient pour traverser la rivière. Ils virent quelque chose qui flottait à la surface. L'un des *sadhus* pensa : « C'est une couverture ! Formidable ! Jusqu'à présent je n'en avais pas, quelle aubaine ! » Il attrapa la-dite couverture, mais voilà qu'elle l'entraîna dans le courant de la rivière. L'autre *sadhu* lui dit : « Mais lâche donc ça ! Nous avons la rivière à traverser ! » Eh bien ce que le *sadhu* avait pris pour une couverture était en réalité un ours. Il cria donc à son ami : « Je veux lâcher, mais ça ne me lâche pas. »

Les *vasanas* sont pareilles. Nous voulons les quitter, nous voulons qu'elles partent, mais elles ne nous lâchent pas, parce que depuis des années nous les avons cultivées, développées, cajolées et embrassées, alors elles ne s'en vont pas si facilement.

Un saint a suggéré un moyen de se débarrasser des *vasanas*. Il dit que quand elles surgissent il faut les battre sans merci. Bien sûr, il ne s'agit pas de prendre un bâton, puisqu'elles sont imma-térielles. Elles sont subtiles, elles se trouvent dans le mental. Il prend l'image d'un homme qui a un chien et le caresse l'embrasse sans cesse, sans se rendre compte que le chien est une créature inconséquente et pourrait un jour le mordre. Mais un de ses amis vient le trouver et lui dit : « Tu sais que tu pourrais être mordu un jour ! Tu ne devrais pas cajoler ce chien ainsi. »

Alors l'homme accepte cet avis et quand le chien approche, il lui dit : « Non, non, je suis désolé, tu ne peux pas me sauter dessus ! Tu ne peux pas m'embrasser ! »

Mais le chien saute quand même sur lui, parce qu'il ne sait pas. Nos *vasanas* sont pareilles. Même si nous prenons une décision : « Je ne vais pas faire cela, je ne vais pas parler ainsi, je ne vais pas regarder dans cette direction, je ne vais pas manger cela. »

Nous avons pris la décision, mais les *vasanas* n'en savent rien. Alors quand le gâteau ou la personne que nous n'aimons pas arrive, nous en mangeons, nous disons ce que nous ne voulions pas dire, spontanément, parce que nous l'avons fait si souvent. Parce que les *vasanas* ne savent pas, ce ne sont que des habitudes. C'est pourquoi il faut donner un coup. Si vous ne voulez pas que le chien vous saute dessus, il vous faudra peut-être le frapper. Ce n'est pas cruel. Il faut lui donner une leçon. Et s'il continue, il faudra le frapper encore. Vis-à-vis de certaines mauvaises habitudes, nous devons nous montrer impitoyables. Elles reviendront jusqu'à ce qu'elles compren-nent, et ensuite elles nous laisseront tranquilles.

Une des raisons pour lesquelles nous manquons de force mentale, c'est que nous manquons de sérieux. Il est très difficile d'acquérir le contrôle du mental si nous ne nous y attelons pas sérieusement. C'est une occupation à plein temps. Impossible de faire un pas en avant, dix pas en arrière et de parvenir à la concentration et à la paix intérieure. La rigueur est indispensable. C'est pourquoi les gens prennent des résolutions pour le nouvel an mais n'arrivent pas à les mettre en pratique. Ils n'y mettent aucun sérieux. Ils ont envie de changer aujourd'hui, mais le lendemain ou le surlendemain, c'est fini. Pour un chercheur spirituel, il ne suffit pas que ce soit aujourd'hui, demain et après-demain. Jusqu'à notre dernier souffle, à chaque minute, nous devons nous efforcer de purifier le mental. C'est la clé de tout. La pureté du mental. Purifier le mental, signifie développer la capacité de le contrôler et de lui faire faire ce que nous voulons plutôt que d'être son esclave. Et aussi la faculté de ne pas penser, d'exister avec un mental libre de pensées, rien que la conscience, une conscience paisible dépourvue de pensées. Nous pouvons penser, si nous le souhaitons, mais sans y être contraints et forcés.

Sentir le poids de l'ego

Tant que nous ne sommes pas parvenus au point où nous ressentons le mental et nos mauvaises habitudes comme un fardeau, nous n'aurons pas le sérieux requis. « Quel poids, quelle source de souffrance ! » Voilà quel doit être notre sentiment. Comme un avion en bout de piste et sur le point de décoller, si nous voulons contrôler le mental, il faut que l'ego nous pèse. Pas le pur ego : celui-là ne pose pas de problème, il nous aide. Je parle de l'ego négatif, du magasin de tous nos défauts. Tant que nous ne pensons pas : « Oh ! Quel casse-tête ! J'ai encore eu cette mauvaise parole ! J'ai de nouveau mal réagi ! » et que nous ne souffrons pas de nos actions impulsives, il est très difficile d'avoir le sérieux nécessaire.

Voici ce que dit Amma à ce sujet :

« Si votre but est de réaliser le Soi, vous devez être pur de tout ego. Cela exige un effort personnel. Le sadhak (le chercheur spirituel) lui-même doit prier pour être délivré de ses mauvaises tendances. Il doit y travailler dur. Il ne prie pas pour réussir quoi que ce soit ni pour satisfaire un désir quelconque ; il prie pour transcender toute réussite, tout désir, habité par un désir ardent de retourner à sa demeure réelle, à sa source. Il perçoit le fardeau de son propre ego et ce sentiment engendre le besoin de s'en libérer. C'est ce besoin qui s'exprime à travers la prière. Les prières d'une autre âme limitée sont impuissantes à nous délivrer de l'ego. L'effort personnel et l'aide d'un satguru sont indispensables. »

Les gens nous demandent parfois de prier pour eux. Amma nous dit que les prières que nous faisons pour les autres sont efficaces dans tous les domaines, sauf quand il s'agit de se délivrer de l'ego. Nous pouvons prier pour la santé des autres, pour leur prospérité et pour leur confort, mais pas pour la destruction de leur ego. Chacun doit s'en occuper lui-même. Nul, hormis le *guru*, n'a le pouvoir d'exaucer cette prière.

Les prières d'une autre âme limitée ne nous aident donc pas dans ce domaine. Il est par contre plus facile de travailler sur l'ego, de vider le mental, en présence d'un maître divin.

La simple pensée, le regard ou le contact d'un maître réalisé peuvent amener chez le disciple une formidable transformation. S'il le désire, le *guru* peut même accorder au disciple ou au dévot la réalisation du Soi. Il peut faire tout ce qu'il veut, sa volonté et celle de Dieu sont une. Si nous prions pour satisfaire des désirs mesquins, nous restons prisonniers du mental, de ses attachements et de ses aversions. En outre, nous renforçons les *vasanas* déjà existantes.

Nous parlons des habitudes (des *vasanas*) et en particulier des mauvaises habitudes. Si nous employons la prière pour contrôler notre mental, pour le purifier, prions pour atteindre l'Ultime et rien de moins, car sinon, nous ne faisons que renforcer nos désirs, nos *vasanas*. Quand nous demandons autre chose que la réalisation de Dieu, cela revient à implorer Dieu de resserrer nos liens et d'augmenter notre souffrance. Nous sommes libres de faire ce choix, pas de problème, mais celui qui souhaite atteindre la béatitude divine ne doit prier que pour cela.

« *Nous créons de nouveaux désirs, de nouveaux mondes. Ce faisant, nous allongeons la chaîne de la colère, du désir, de l'avidité, de la jalousie, de l'illusion et de nos autres émotions négatives. Chaque désir les amène avec lui. Les désirs insatisfaits engendrent la colère. En revanche, lorsque nous prions pour être purifié afin de pouvoir réaliser le Soi, cela entraîne la destruction des vasanas. Cette sorte de prière changera radicalement notre vision de la vie. Le « vieil homme » meurt et un homme nouveau naît. Mais prier pour satisfaire nos petits désirs n'apporte aucun changement dans notre personnalité. La personne qui prie ainsi reste la même. Son attitude ne change pas. »*

Nombreux sont ceux qui viennent se plaindre : « Il y a des années que je prie Dieu et pourtant je ne fais aucun progrès spirituel. Je vais à l'église tous les dimanches, je fais ceci et cela, je médite. » Pourquoi ne font-ils aucun progrès ? Une des raisons est que leur mental est toujours préoccupé de « petits désirs », comme le dit Amma, et non du désir suprême pour Dieu.

Le contrôle du mental, que ce soit par la prière ou par d'autres moyens, n'est pas un exercice réservé aux dévots, aux personnes spirituelles. C'est pour tout le monde. Parce que sans un minimum de contrôle, vous n'avez aucune chance de réussir. Vous serez toujours distraits par une foule de choses et vous ne parviendrez pas au but que vous vous êtes fixé.

Qui veut la fin veut les moyens

Vous avez sans doute entendu parler des *Yogas Sutras* ; c'est le texte qui fait autorité en matière de méditation. Il a été écrit il y a des milliers d'années par un sage du nom de Patanjali. Le premier vers dit « *yogascitta vritti nirodaha* » ce qui signifie : « Le yoga consiste à contrôler les modifications du mental. » C'est le véritable sens du mot *yoga*, qui en est venu aujourd'hui à désigner quelques postures. Mais le véritable but des postures et de toutes les branches du yoga est de contrôler les vagues du mental, de l'apaiser, de le rendre parfaitement tranquille. Dans ce yoga, dans le système qui permet le contrôle du mental, il y a des étapes.

Beaucoup d'entre vous les connaissent mais j'ai pensé que nous pourrions en parler un peu aujourd'hui.

En général, pour parvenir à un but, il faut utiliser la méthode adéquate. C'est une approche scientifique. Elle s'applique de manière tout aussi stricte lorsqu'il s'agit d'obtenir la paix du mental. Cela ne se fait pas à l'aveuglette. Il faut procéder de manière scientifique. La science du yoga et de la méditation nous décrit les premières étapes, appelées *yamas* et *niyamas*. Il ne s'agit évidemment pas du dieu de la mort, Yama, qui vient nous chercher quand nous quittons le corps. *Yama* signifie restriction. Et les observances à pratiquer sont les *niyamas*. Il s'agit donc des règles de la vie spirituelle. La plupart des gens méditent, lisent des livres spirituels, ils font beaucoup de choses mais ils négligent les *yamas* et les *niyamas*. Cela revient à bâtir une maison sur du sable, en omettant les fondations. C'est l'une des raisons pour lesquelles les gens viennent trouver Amma en Lui disant : « Amma, je médite depuis trente-cinq ans et je n'ai aucune expérience ! » Pourquoi ? Ils ont négligé la base. Il ne suffit pas de méditer ou de chanter des *bhajans*. Il faut s'occuper des fondations, des *yamas* et des *niyamas*. Si on suit correctement ces étapes, la méditation viendra ensuite d'elle-même. Il n'y aura pas besoin d'effort supplémentaire. Cela ne veut pas dire que nous ne devons pas méditer. Méditons, mais sans oublier la base, le fondement.

Quels sont les *yamas* ?

Ahimsa : la non-violence ;

satya : la vérité ; dire la vérité ;

asteya : ne pas voler ;

brahmacharia : la continence ;

aparigraha : l'absence d'avarice.

On pourrait consacrer une journée entière à chacun de ces termes, mais en voici une brève explication :

La non-violence implique de ne pas nourrir la moindre pensée hostile envers aucune créature, aucun objet de ce monde, envers quoi que ce soit dans l'univers. Pas la moindre hostilité en pensée, encore moins en parole ou en action. C'est cela la non-violence. Imaginez, si nous parvenons à la perfection dans une seule de ces disciplines, à quel point notre mental sera pur et combien de *vasanas* seront éliminées !

Satya signifie la véracité. L'honnêteté ne consiste pas simplement à ne pas mentir. La parole vraie est celle qui nous aide, nous et les autres, à nous rapprocher de la Vérité. S'il s'agit d'une vérité désagréable, déclarent les Ecritures, ne la dites pas. Inutile, par souci d'honnêteté, d'aller trouver les gens et de leur asséner leurs quatre vérités. Nous le faisons bien souvent. Nous rencontrons toujours quelqu'un qui met le doigt sur nos défauts, nous critique ou critique les autres. Même si c'est honnête, il n'est pas juste d'agir ainsi, car cela provoque chez la personne une réaction qui l'éloigne de la Vérité. Une vérité déplaisante n'est donc pas bonne à dire. Mieux vaut garder le silence plutôt que de provoquer ce genre de vagues mentales. Certains disent : « Mais ne dois-je pas dire la vérité ? Ne dois-je pas leur montrer qu'ils agissent mal ?» Non, ne dites rien, sauf si on vous demande votre avis. Si la personne a confiance en vous et vous interroge, alors vous pouvez lui dire la vérité, car cela ne soulèvera pas en elle de vagues négatives. Elle ne se mettra pas en colère. Mais sinon, ce n'est pas votre affaire, et mêlez-vous de ce qui vous regarde ! »

Puis vient *asteya*, ne pas voler. Cela signifie que quand un objet appartient à quelqu'un d'autre, la pensée : « Oh, cela me plaît, j'aimerais bien l'avoir » ne doit même pas vous effleurer. Et vous devez encore moins vous en emparer. Si un objet vous plaît et que vous désirez le même, faites en sorte de vous le procurer. Mais ne prenez pas ce qui appartient à quelqu'un d'autre.

Vient ensuite *brahmacharya*, la continence. La continence implique que toutes les pensées sont fixées sur Dieu, pas sur la sexualité, que ce soit sur le plan physique, mental ou bien même dans les mouvements les plus subtils.

Et *aparigraha*, l'absence d'avarice. De quoi ai-je besoin ? Je ne veux rien de plus, parce cela entraîne tant d'efforts et de travail que nous gaspillons ainsi notre vie.

Si nous cultivons un peu ces vertus, nous aurons peut-être le sentiment : « J'en ai fait assez ; je suis arrivé à un certain niveau, me voilà satisfait. » Ce n'est pas forcément suffisant. Les *Yogas Sutras* vous disent quand vous arrêter. Quand vous aurez atteint la perfection, vous le saurez. Par exemple lorsque vous serez parfaitement non-violent, toutes les créatures qui s'approchent de vous deviendront non-violentes. Même un tigre... Vous avez certainement entendu ce genre d'histoires, non ? Les yogis qui marchaient à travers la forêt ou qui vivaient dans des grottes avec des serpents, des cobras, des tigres, des lions ou d'autres bêtes féroces ou même des êtres cruels... comme leur mental était pur de toute violence, qu'ils n'avaient jamais aucun sentiment hostile envers quiconque, ces créatures se montraient inoffensives envers eux.

Vous vous rappelez l'histoire des génisses, l'année dernière ? Nous voulions les changer de place. D'habitude elles ne bougent pas quand on passe à côté d'elles. Il est même possible d'en caresser certaines, bien qu'elles ne soient pas domestiquées. Je me trouvai un jour dans les champs en train de parler à quelqu'un et les génisses paissaient à un mètre de nous. Elles étaient juste à côté de moi. Mais ce jour-là nous voulions les mener quelque part. Et je suis sorti de la maison avec un bâton. J'étais encore à une centaine de mètres, mais dès qu'elles m'ont vu, elles sont parties à toute allure. Il est impossible qu'elles aient vu le bâton, car je le traînais derrière moi. Elles savaient que j'avais une idée en tête : « Je vais les chasser d'ici et si elles résistent, il me faudra peut-être les frapper. » Elles le savaient d'instinct. Leur instinct est beaucoup plus développé que le nôtre. Comme elles n'ont pas la faculté de parler, elles ne dissipent pas leur énergie de cette manière, elles se fient à leur instinct.

C'est une simple constatation pratique. Tant que je n'avais pas l'idée de les chasser, elles sont restées près de moi. J'aurais pu parler fort ou même crier sur quelqu'un, elles n'auraient pas bougé parce que comme tout être vivant, elles savent intuitivement qui représente une menace pour elles. Donc, si vous êtes réellement non-violent, tous les êtres vivants se montreront inoffensifs envers vous.

Satya consiste à ne jamais mentir ; vos pensées, les événements et ce que vous exprimez par la parole ne sont qu'une seule et même chose ; vous ne dites pas de choses désagréables, même quand elles sont vraies. En conséquence, vous obtenez le pouvoir suivant : toute parole que vous prononcez devient réalité. Comme Amma. Elle vous dira peut-être : « Ne t'inquiète pas, tu vas guérir, tu vas guérir. » Si Elle le dit, alors, infailliblement, vous allez guérir. Personne ne sait quand, Elle ne l'a pas dit, mais cela viendra. Parce qu'Elle possède ce pouvoir qui vient de la vérité.

Ne pas voler... Voilà qui est très intéressant. Dans les Ecritures, il est dit : « Les pierres précieuses affluent vers celui qui est établi dans cette vertu ». Le mot est *ratna*, pierre précieuse. C'est étrange, non ? Que peut bien faire un *sannyasi*, un moine, avec des pierres précieuses ? Mais il ne faut pas le prendre à la lettre. Quand une personne possède cette vertu, son visage rayonne l'innocence, le désintéressement et le détachement, si bien que les autres lui font confiance et ont tendance à lui donner le meilleur, soit pour partager, soit pour le lui confier, sachant d'instinct que cette personne ne volera pas, qu'elle est parfaitement détachée. Donc, on lui donne le meilleur. Voilà le sens de ce passage, le sens du mot *ratna*.

La continence (*brahmacharya*). Que se passe-t-il quand quelqu'un la pratique de manière parfaite et n'a pas même une pensée sexuelle ? Cette personne obtient de l'énergie, de la puissance spirituelle. Si une personne dotée de ce pouvoir (*virya*) vous parle, ses paroles pénètrent dans votre cœur. La personne d'à côté pourrait vous dire la même chose, cela n'aurait aucun effet. Pourquoi ? Cela ne vient ni du style ni des paroles prononcées mais de la puissance dont elles sont chargées. Ce n'est même pas le sentiment de l'orateur qui agit, mais le pouvoir qu'il a développé grâce à la continence. L'énergie spirituelle agit sans même que les gens comprennent pourquoi ils sont aussi sensibles à ces paroles. Ils n'en ont pas conscience. Cette énergie spirituelle nous élève. De telles paroles sont le véritable *satsang*. Elles nous font tout oublier et nous vivons alors dans un monde spirituel. C'est dû à l'énergie spirituelle de l'orateur.

Ne pas convoiter : cela aussi est très intéressant. Patanjali dit que la pratique parfaite de cette vertu nous apporte un *siddhi*. Ces pouvoirs mystiques n'ont en fait rien de mystérieux ; ils sont latents en chacun de nous. Ce sont les pouvoirs du mental, mais tant que celui-ci est dispersé et que nous n'avons pas de concentration, ils ne se manifestent pas. Ils se révèlent lorsque nous sommes concentrés, que le mental devient fort et ne pense pas beaucoup. Quand vous ne convoitez rien et ne désirez rien excepté le minimum dont vous avez besoin, vous vous détachez du monde. Vous ne vous inquiétez plus de rien. Après le détachement envers le monde vient le détache-ment par rapport au corps. Vous vous contentez du minimum : un endroit pour vivre, un peu de nourriture, un endroit pour dormir. Et une fois que vous êtes détaché du corps, la véritable connaissance brille en vous. Le *siddhi* mentionné par Patanjali est la connaissance du passé et du futur. Elle se dévoile à celui qui est pur de toute convoitise. Pourquoi ? Il est détaché de ce monde, de son enveloppe mortelle, et il ne se soucie même pas du présent.

Voilà pour les *yamas*. Viennent ensuite les *niyamas*.

Saucha : la propreté. *Saucha* implique à la fois la propreté physique et la pureté du mental.

Santosha : le contentement. C'est le sentiment d'avoir en suffisance. Pourquoi être agité par le désir d'obtenir tel ou tel objet ? C'est cela *santosha*.

Toutes ces qualités contribuent à la maîtrise du mental, à le rendre paisible.

Tapas : les austérités. De nos jours le mot *tapas* est utilisé dans le sens de souffrance : « Oh ! quel *tapas* ! » Cependant *tapas* signifie la capacité de supporter la souffrance, non la souffrance elle-même. Quand il fait froid, ne pas être affligé : « Oh qu'il fait froid ! Oh qu'il fait chaud ! » Ou bien si vous avez une migraine : « Oh quelle terrible migraine ! » Il s'agit de garder l'équanimité face aux paires d'opposés, les *dvandas*. C'est cela, *tapas*. Rester *cool* en toutes circonstances, comme on dit en Amérique. Garder un mental paisible, voilà le sens de *tapas*.

Svadhyaya, c'est l'étude des Ecritures, des paroles des sages et le *mantra japa*, ces deux activités. Etudier les Ecritures ne signifie pas lire tous les livres spirituels qui existent, parce que dans chaque librairie on en trouve des centaines et des milliers. Tout le monde écrit aujourd'hui des livres spirituels et tout le monde en lit ! Mais ce n'est pas *svadhyaya*. *Svadhyaya* consiste à lire les écrits des *rishis*, des âmes réalisées, et non ceux de « Monsieur Tout-le-monde ayant une vague idée de la spiritualité ». La parole des êtres réalisés, des *mahatmas* d'autrefois, est très puissante. Et la répétition du *mantra*, elle aussi fait partie de *svadhyaya*.

Pleurer pour Dieu, c'est méditer

La dernière qualité mentionnée, c'est *ishwara pranidhana*, la dévotion envers Dieu. Que dit Amma à ce sujet ? Toutes les qualités que nous avons énumérées jusqu'ici sont excellentes et nous devons nous efforcer de les développer. Mais nous ne sommes que des êtres humains et c'est très difficile. Amma nous dit, ne vous inquiétez pas, il y a une solution. Ce n'est pas facile non plus, mais c'est moins compliqué que le reste. C'est *ishwara bhakti* ou *ishwara pranidhana*, la dévotion envers Dieu. C'est également un moyen de purifier le mental, de le maîtriser et de se libérer des *vasanas*. Qu'en dit Amma ?

Un des brahmacharis Lui demanda un jour : «Amma, cet après-midi Tu as dit à un jeune homme de prier et d'implorer Dieu en pleurant. Est-ce suffisant pour connaître Dieu ? »

« Oui », répondit Amma « si nous prions de tout notre cœur ! Mon fils, ne crois pas que les pratiques spirituelles consistent simplement à rester assis dans la posture du lotus en méditant ou en répétant un *mantra*. Ce sont là bien sûr deux manières, deux techniques qui permettent de se souvenir de Dieu et de connaître le Soi. Elles nous aident sans aucun doute à maîtriser l'agitation naturelle du corps et du mental. Mais c'est une erreur de croire que ces pratiques sont la seule voie. Prenez le cas des *gopis* de Vrindavan ou de Mirabaï. Quelle était leur *sadhana* ? Comment sont-elles devenues *krishnamayis* (mot à mot : pleines de Krishna) ? Passaient-elles de longues heures en méditation ? » (Les *gopis* étaient des maîtresses de maison, comment en auraient-elles trouvé le temps ?) « Non, mais bien sûr, les gopis méditaient. Leur méditation était intense et ininterrompue, cependant elles ne restaient pas assises les jambes croisées. Les *gopis* et Mirabaï gardaient le souvenir constant de la gloire de Dieu et chérissaient Sa forme dans leur cœur en tout lieu et à chaque instant. Elles pleurèrent tant que le flot de leurs larmes finit par emporter tout ce qui entachait leur mental, toutes leurs pensées.

Mes enfants, quand nous pleurons, nous oublions tout. C'est naturel. Nous cessons de ruminer le passé et de rêver au futur. Cela nous permet de rester dans le présent, avec le Seigneur et Sa *lila* (Son jeu divin). Si une personne que nous chérissons meurt, mère ou père, mari ou femme, un fils ou une fille, nous nous lamentons en songeant à lui ou à elle et nous oublions tout. A ce moment-là, nous n'avons plus rien à l'esprit, excepté les tendres souvenirs que nous a laissés le défunt. Plus rien ne nous intéresse. Notre mental est parfaitement concentré sur cette personne et ne pense qu'à elle. Mes enfants, pleurer nous permet de concentrer parfaitement notre mental. Pourquoi méditons-nous ? Pour obtenir la concentration. La meilleure manière d'y parvenir est de pleurer en implorant Dieu. C'est un moyen très puissant de se rappeler Dieu, de méditer.

C'est ce qu'ont fait de grandes dévotes comme les *gopis* et Mirabaï. Voyez comme la prière de Mirabaï était pure : « Oh, Toi le Giridhari de Mira, peu importe si Tu ne m'aimes pas, mais Seigneur, ne m'ôte pas le droit de T'aimer ! » Elles ont prié et pleuré, jusqu'à ce que leur être entier parvienne à un état de prière constante. Elles ont adoré le Seigneur jusqu'à ce que les flammes de l'amour divin les aient totalement consumées. Elles sont devenues l'offrande. »

C'est donc une manière facile pour nous de méditer : pleurer en s'adressant à Dieu ou à un être réalisé. Penser sans cesse à cette personne n'exige aucun effort spécial et quand nous le pouvons, quand nous sommes seuls, pleurer en nous adressant à elle comme Mirabaï implorait Krishna en pleurant. Peu à peu, il n'y aura plus en nous que cet être et les *vasanas* n'auront plus de place.

Amma donne l'exemple d'une bouteille d'eau salée. Comment obtenir de l'eau pure ? Si vous ajoutez constamment de l'eau fraîche, le sel est dilué jusqu'à ce qu'il n'en reste pratiquement plus. Nous ne sommes peut-être pas capables de déraciner les *vasanas* d'un coup. Mais si nous mettons autre chose à la place, que ce soit le souvenir de Dieu, notre *mantra* ou bien Amma, il n'y aura plus d'espace pour elles. C'est un moyen facile et pratique pour des êtres ordinaires tels que nous. Ou bien encore la grâce d'un *mahatma* peut nous sauver. Voici ce qu'Amma dit à ce propos :

« Quelqu'un demanda : « J'ai lu que sans la grâce d'un maître réalisé, nous aurons beau consacrer tous nos efforts à la *sadhana*, il nous sera impossible de parvenir à l'état de perfection. Est-ce vrai ? »

Qu'en pensez-vous ? Est-ce vrai ?

Amma a répondu :

« Ceci est parfaitement correct ! Pour nous libérer des vasanas subtiles, nous avons besoin de l'aide du guru et de Sa grâce. »

Il ne s'agit donc pas simplement de nos habitudes visibles, mais de choses plus subtiles dont nous n'avons même pas conscience. Seul le *guru* peut les faire remonter à la surface en créant les situations nécessaires et en nous donnant ensuite la force de les affronter. Et une fois que les *vasanas* sont détruites, lors de la dernière étape, lorsque le *sadhak* accède à l'état de perfection, la grâce du *guru* est indispensable.

« Les êtres humains sont limités. Ils ne peuvent pas grand-chose par eux-mêmes. Sans conseils ni aide, ils avancent jusqu'à un certain point, mais le chemin se complique bien vite et ils ont besoin d'aide. La voie qui mène à la libération est un entrelacs inextricable de chemins, un labyrinthe. Un chercheur spirituel solitaire ne saura pas s'y retrouver. On peut aussi comparer un sadhak sans guru à un marin qui veut traverser l'océan à la voile, en solitaire, dans un

minuscule bateau dépourvu de l'équipement nécessaire, sans même une boussole pour lui indiquer la direction. »

Voilà notre situation si nous essayons de réaliser Dieu sans l'aide d'un maître réalisé !

« Rappelez-vous que la voie qui mène à la réalisation est très étroite. Deux personnes ne peuvent y marcher ensemble main dans la main, épaule contre épaule. Il faut cheminer seul. Tandis que nous avançons, une lumière nous guide. La lumière qui nous montre le chemin est la grâce du guru. Le guru marche devant nous et nous éclaire en nous guidant lentement et attentivement. Il connaît le labyrinthe par cœur. La lumière de Sa grâce nous aide à voir les obstacles et à les franchir pour atteindre le but ultime. »

Nous devons donc faire un effort, dit Amma, c'est très important, mais en dernier ressort, c'est la grâce du *guru* qui nous sauve.

« Nous avons besoin essentiellement de la grâce du satguru. Sans les soins affectueux qu'Il nous accorde, sans Ses regards pleins de compassion et Son contact plein d'amour, il nous est impossible de parvenir au but. Il nous prodigue Sa grâce au travers de chaque regard et de chaque caresse. Mes enfants, priez donc pour obtenir Sa grâce. »

Om Namah Shivaya !

Satsang à M. A. Center
Cassette 2, face B

Noël et le Christ mystique - 1

Avant la venue d'Amma en Amérique, juste avant Son arrivée, je me demandais bien comment les gens allaient réagir en voyant le Dévi Bhava. Je pensais que l'on n'avait jamais rien vu ici de semblable. J'ai observé aujourd'hui quelque chose de très intéressant qui explique tout : un monsieur habillé d'un costume étrange prenait les gens dans ses bras. Il les étreignait un par un et ils lui confiaient leurs désirs. Il n'est donc pas étonnant que les Occidentaux se sentent avec Amma comme des poissons dans l'eau. Mais bien sûr, il y a une légère différence !

Ce soir c'est Noël, comme vous le savez tous. Et pour un chercheur spirituel, les fêtes n'ont qu'un but : lui permettre de progresser spirituellement. Bien sûr Noël est devenu un moment où l'on se retrouve en famille. C'est aussi l'époque où les commerces font des affaires. Mais pour nous, les dévots, et c'est peut être aussi le sens originel de cette fête, c'est l'occasion de méditer sur la personnalité du Christ, qui était un très grand *Mahatma*, de lire Son enseignement et Sa vie.

Pourquoi Dieu aime-t-Il autant le dharma ?

Aucun pays n'a le monople des saints, des *Mahatmas*, des *avatars*. Lorsque c'est nécessaire, Dieu, l'Etre suprême, descend sur terre pour bénir les êtres vivants. Il y a dans la *Bhagavad Gita* un verset célèbre à ce sujet. Sri Krishna déclare que quand le besoin s'en fait sentir, Il s'incarne. Mais quand Dieu considère-t-Il donc que c'est nécessaire ? Les gens qui s'adressent au père Noël ont sans doute l'impression qu'ils ont un besoin à combler. Les dévots qui viennent voir Amma ont également le sentiment que leurs désirs sont des besoins réels et pressants, que Dieu Elle-même doit satisfaire. Mais aux yeux de Dieu, qu'est-ce qui constitue un besoin réel ? ... Parce que c'est Dieu qui s'incarne selon Sa propre vision, c'est Dieu qui descend sous la forme de *l'avatar*. Alors *Bhagavan* Krishna dit que quand il y a un déclin du *dharma* et que *l'adharma* augmente, il considère comme une nécessité de venir personnellement sur ce plan d'existence.

Voici le verset :

> « *Quand se produit un déclin du dharma et que l'irreligion prolifère, Je me manifeste pour protéger les êtres bons, détruire ceux qui font le mal et rétablir le dharma. A toutes les époques, Je prends naissance.»*

Comment naît-Il ? Comme nous ? Nous sommes forcés de naître en ce monde conformément au fruit de nos actions passées, à notre *karma*. Mais c'est différent pour *Bhagavan*, Dieu. Il déclare Lui-même :

> « *Bien que Je ne sois jamais né et que Ma nature soit impérissable, bien que Je sois le Seigneur de tous les êtres, régnant sur Ma propre nature, Je prends naissance par le pouvoir de Ma propre maya.»*

C'est donc de Son propre gré qu'Il vient au monde, par compassion pour les âmes individuelles et pour relever le *dharma*.

Pourquoi Dieu aime-t-Il donc autant le *dharma* ? Il faut que cela soit bien important pour qu'Il vienne Lui-même s'occuper de le rétablir, sans pouvoir confier le travail à Ses messagers. Quel rôle joue donc le *dharma* ? La création est en fait bien mystérieuse. Personne ne sait pourquoi elle existe. Les Ecritures disent simplement qu'auparavant, il n'y avait qu'un seul Etre, *Brahman*. Pour ceux d'entre vous qui l'ignorent, *Brahman* vient de la racine sanscrite *brihat* qui signifie grand, vaste. Seul existait donc l'infini, la conscience universelle. Alors Cela pensa : « Que Je devienne la multiplicité », et l'univers apparut. L'univers entier n'est donc qu'une vague à la surface de l'océan de *Brahman*, comme chacun d'entre nous. Les vagues ne sont pas différentes de l'océan, elles n'ont aucune existence autonome, aucune exis-tence séparée de lui. Même si elles ont une individualité apparente (nous avons tous l'air d'être des individus) en profondeur elles ne font qu'un avec l'océan d'intelligence.

Après l'apparition de la création, que faire ? Quel est le but ? *Bhagavan* dit que ce monde est une vaste école. A chaque naissance, nous avons un programme à étudier. Le but est de passer notre baccalauréat, c'est-à-dire d'obtenir *mukti*, la libération, *moksha*, la réalisation, la vision de Dieu. Tel est le but de l'existence. C'est cela qui nous pousse inlassablement à chercher le bonheur, la béatitude. Tant que nous ne serons pas retournés à la Source pour nous fondre de nouveau en elle, nous ne serons jamais parfaitement satisfaits. Cette Source est Dieu, le Soi. Toutes les leçons que nous recevons, toutes les expériences que nous traversons dans cette vie n'ont donc qu'un seul but : nous ramener à la Source. Et les leçons sont parfois très douloureuses car nous avons beaucoup d'illusions. Nous sommes sans cesse le jouet de l'illusion cosmique, de *maya*. Il nous faut donc perdre nos illusions pour nous tourner dans la bonne direction, sans nous disperser. C'est le but des situations difficiles : détruire nos illusions pour nous réveiller du rêve, de *maya*.

Bhagavan, Dieu, se préoccupe de Sa création. Nous ignorons pourquoi elle est apparue, mais le Créateur s'en préoccupe comme une mère se soucie de sa famille ou de ses enfants. Donc les Ecritures, les sages, les *avatars* sont là pour nous montrer le chemin vers le bonheur ultime. Et c'est toute l'importance du *dharma*, parce qu'il constitue la voie. Il ne suffit pas de s'asseoir pour méditer, de chanter des *bhajans* et d'écouter des *satsangs*. La vie spirituelle inclut chaque seconde de notre vie, chaque pensée, chaque parole et chaque action. Puis, quand nous vibrons à l'unisson du *dharma*, notre mental est en harmonie avec Dieu et nous parvenons au but de la vie. Nous sommes heureux. Plus nous sommes en accord avec le *dharma*, plus le mental est paisible ; nous éprouvons alors la béatitude, la présence de Dieu. Il est en conséquence nécessaire d'étudier ce qu'est le *dharma*. Ce sont les Ecritures, les sages, les saints et tout particulièrement la vie des *avatars* et des maîtres réalisés qui nous l'enseignent.

A la question : « Pour quelle raison Dieu ou un maître réalisé redescend-t-Il ? » Amma a donné une très belle réponse. Quelqu'un demandait l'autre jour : « Le Christ était un maître réalisé, un *avatar*, et Il a dû beaucoup souffrir sur la croix. »

Vous vous êtes déjà piqué avec une aiguille ou une épine, n'est-ce pas ? Un petit trou fait déjà très mal. Quel devait donc être la souffrance du Christ lorsque des clous Lui perçaient les poignets et les pieds ! C'est à ce moment là qu'Il a dit :

« Ô Père, pourquoi m'as-Tu abandonné ? »

Après une vie entière de dévotion, d'abandon de soi et de foi, comment ces paroles ont-elles pu sortir de Sa bouche à cet instant ?

Le côté humain de Dieu

Voici la réponse d'Amma[1] :

« Mes enfants, lorsqu'ils parviennent à la réalisation, cer-
tains êtres se fondent dans l'éternité. Très peu d'entre eux
redescendent. Qui en aurait envie après avoir atteint l'océan
de la béatitude ? Pour revenir de cet état sans retour, il faut
s'accrocher à une résolution, à un sankalpa. Seuls quelques
rares êtres capables de faire ce sankalpa redescendent.

Cette résolution mentale est faite de compassion, d'amour,
de service désintéressé envers l'humanité. Si vous ne voulez
pas répondre à l'appel des chercheurs spirituels sincères, si
vous ne voulez pas entendre les pleurs de ceux qui souffrent
et préférez rester dans l'état impersonnel, sans faire preuve
de compassion, cela ne pose pas de problème. Vous êtes libre
d'y demeurer.

Quand vous descendez, pour vous permettre de fonctionner
ici-bas sans accroc et sans interruption, vous installez un
rideau que vous pouvez tirer à tout moment et qui voile
l'autre monde. »

Amma parle bien sûr à partir de Sa propre expérience. Elle
n'a lu aucun livre. Elle n'a jamais rencontré de saints. Elle a tout
fait par Elle-même et parle de Son expérience intérieure.

« Consciemment, vous ne prêtez aucune attention à l'autre
côté du rideau. »

Quel côté ? Le côté de l'unité avec Dieu.

« Pourtant vous allez de temps en temps faire un tour de
l'autre côté, mais vous réussissez à revenir. La simple pensée,

---

[1]   Les citations qui suivent sont extraites de «Éveillez-vous, Mes Enfants»,
Tome 5.

la simple mémoire de l'autre côté vous y transporte aussitôt. Une fois que vous descendez, vous jouez bien votre rôle. »

Voilà la réponse à la question—au sujet du Christ—. « Vous jouez bien votre rôle. »

« Une fois que vous êtes descendu de l'état d'union avec Dieu, vous jouez bien votre rôle. Vous travaillez durement à élever l'humanité. Vous rencontrez des problèmes, des obstacles, des difficultés de toutes sortes. Il vous faut faire face à l'insulte, au scandale et à la calomnie, mais vous ne vous en souciez pas, parce que même si extérieurement vous avez l'air d'être comme tout le monde, intérieurement vous êtes totalement différent. A l'intérieur, vous ne faites qu'un avec la vérité suprême. En conséquence rien ne vous touche, rien ne vous affecte. Comme vous êtes uni à la source même de l'énergie, vous travaillez inlassablement à guérir et à apaiser les blessures profondes de ceux qui viennent à vous. Vous apportez à tous la paix et le bonheur. Votre manière de vivre, le détachement, la compassion et le désintéressement que vous manifestez éveillent chez les autres le désir d'accéder à l'état qui est le vôtre.

S'Ils ne souhaitent pas se soucier du monde, ces êtres pleins d'amour et de compassion qui s'incarnent peuvent très bien rester dans l'état non-duel et se fondre dans la Conscience suprême. Dans cet état, il n'y a ni amour ni manque d'amour, ni compassion ni manque de compassion.

Pour manifester la compassion et l'amour, pour servir de manière désintéressée et éveiller chez autrui le désir de découvrir ces vertus divines en lui-même, il faut un corps. Une fois que le corps existe, la nature doit suivre son cours. Le corps d'un Mahatma est différent de celui d'un être ordinaire. Si telle est Sa volonté, Il peut garder le corps aussi longtemps qu'Il le souhaite sans connaître ni la maladie ni la souffrance. Mais Il laisse consciemment le corps traverser toutes les expériences qui sont le lot des êtres humains ordinaires. C'est en cela que réside Sa grandeur ! »

Donc , en examinant la vie du Christ ou celle d'Amma, les gens disent parfois :

« Oui, mais si Il ou Elle était un être divin, pourquoi lui a-t-il fallu endurer tant de souffrances ? Aujourd'hui encore, pourquoi Amma doit-Elle souffrir autant ? »

C'est exactement comme quand les Pharisiens et les Saducéens sont venus dire à Jésus crucifié : « Si tu es le Fils de Dieu, descends de cette croix ! » Cela n'a rien avoir avec la réalisation de Dieu. Réaliser Dieu signifie ne faire plus qu'un avec Lui intérieurement ; il y a alors en nous un endroit que rien n'affecte, pas même une souffrance extrême. Cet endroit est toujours calme et ne change jamais. C'est le cœur de leur être. Mais comme le dit Amma :

« Un être réalisé fait l'offrande de son corps au monde, et ce corps suit son cours naturel. Mais Il peut aussi accomplir des actions exceptionnelles. Krishna n'a-t-Il pas été blessé lors de la guerre du Mahabharata ? N'a-t-Il pas combattu dix-huit fois contre Jarasandha, ce roi puissant et cruel ? Il finit par déserter diplomatiquement le champs de bataille. Il aurait pu tuer Jarasandha s'Il l'avait voulu, mais Il ne l'a pas fait. Rappelez-vous que c'est une flèche décochée par un chasseur ordinaire qui mit fin à l'existence terrestre de Krishna. Jésus a été crucifié. Ils auraient pu empêcher cela, mais ils ont laissé les événements suivre leur cours naturel. Ils ont laissé le flot de la vie les emporter. Ils ont choisi d'être ce qu'Ils étaient et de laisser les faits se dérouler. »

Ils étaient prêts à accepter, cependant cela ne signifie pas que c'était inévitable pour eux, comme c'est le cas pour les êtres humains ordinaires. Ce n'est pas le cas. S'Ils l'avaient voulu, Ils auraient pu éviter toute expérience amère. Ils étaient tout-puissants et auraient pu anéantir sans effort ceux qui s'opposaient à eux. Mais Ils voulaient donner l'exemple et prouver au monde qu'il est possible de vivre selon les valeurs suprêmes tout en faisant face aux problèmes d'un être humain ordinaire. Cependant n'oubliez pas que si les circonstances l'exigent, Ils peuvent transcender les lois de la nature. »

Voilà donc ce qu'Amma nous dit au sujet des êtres réalisés : ils viennent à nous par compassion. D'une certaine façon, ils mènent la vie d'êtres humains ordinaires. Si cela est nécessaire, ils peuvent transcender les lois de la nature, comme le Christ l'a fait bien souvent. Tous les miracles qu'Il a accomplis n'étaient pas des événements quotidiens. Et ces paroles « Ô Père, pourquoi m'as-Tu abandonné ? » étaient peut-être pour ceux d'entre nous qui traversent de grandes souffrances et éprouvent le même sentiment, pour montrer que ce n'est pas impardonnable. Ce n'est pas une erreur grave quand nous ressentons une telle douleur. Le Christ Lui-même a exprimé ce sentiment. Il a donc montré Son humanité, à cet instant-là, mais ce n'était pas par faiblesse. C'était par compassion. Car que dit-Il ensuite ?

« Pardonne-leur, car ils ne savent pas ce qu'ils font. »

Il n'a donc pas oublié qui Il était à ce moment-là. Tout est à la fois spontané et voulu, c'est l'expression de la Volonté divine. Tout ce qui vient d'un être divin est pour le bien de l'humanité.

Comme les *avatars* s'incarnent pour donner leur enseignement au monde, pour inspirer la dévotion envers leur personnalité, nous donnant ainsi un moyen de parvenir à la dévotion réelle, j'ai pensé que nous pourrions lire quelques-unes des paroles du Christ. J'ai été surpris de constater l'an dernier que beaucoup d'entre vous n'avaient jamais ouvert le Nouveau Testament. En fait, moi non plus je ne l'avais jamais lu avant d'aller en Inde.

Paroles du Christ

Chaque parole est un joyau, un enseignement spirituel. On pourrait dire que les enseignements donnés aux disciples sont les diamants parmi ces gemmes. Car il y a le public ordinaire, les dévots et les disciples. Les disciples reçoivent la vérité non diluée, pure. Et il y a de nombreux passages où Jésus s'adresse aux disciples.

La version de la Bible que j'utilise est une version très américaine. Que ceux qui ont lu l'édition anglaise tradition -nelle King James ne soient pas choqués ou surpris. Ce langage est à la portée de tous.

« Un jour, alors que les foules se rassemblaient, le Christ monta sur la colline avec Ses disciples. Il s'assit et leur dit :

« Heureux les humbles car le Royaume des Cieux est à eux. »

Il s'agit de clarifier le sens des termes. Tout d'abord, le Royaume des Cieux, dans la vie spirituelle, signifie la Conscience divine. Cela ne désigne pas un lieu situé dans un autre monde ou bien à des années lumières de l'univers physique. « Le Royaume des Cieux est en vous », a dit le Christ. C'est un état de conscience. Quand le mental est parfaitement calme, alors la réalité intérieure voilée par les pensées se révèle à nu et nous avons le sentiment d'être au paradis. Nous sommes heureux et en paix, c'est ce que veut dire le Christ en parlant du Royaume des Cieux.

Il fait également souvent référence au Père. « Mon Père m'a envoyé. », « Mon Père et moi, nous ne faisons qu'un. » Quand Il parle du « Père », Il parle de la Conscience suprême, de l'Absolu, *satchitananda*, l'océan de la Conscience, la Source de la vie, de notre être, de la conscience, de l'univers entier. C'est ce qu'Il appelle le Père. Il ne s'agit pas d'un grand bonhomme, avec ou sans barbe. Le Père est la Réalité, la Réalité impersonnelle.

Mais il est intéressant de noter qu'Amma, quand Elle était jeune, a fréquenté pendant quelques années une école catholique. (*Elle allait y suivre des cours de couture, cf. la biographie d'Amma.*) Elle S'asseyait dans le cimetière, parmi les tombes. Elle dit que de nombreuses âmes défuntes venaient alors La trouver. Elle les réconfortait. Et Elle allait aussi voir la statue du Christ dans la chapelle. Elle Lui disait : « Tu n'es pas mort, je sais que Tu n'es pas mort ! » Et Elle nous a dit que quand le Christ parle du Père, aussi étrange que cela puisse paraître, Il parle de Shiva. Amma a le sentiment que le Christ était un dévot de Shiva ; de même qu'Elle vénère Dévi et Krishna, il Lui semble que Christ était un dévot de Shiva. (Même les êtres divins, lorsqu'Ils s'incarnent en ce monde, choisissent un support pour leur dévotion, soit pour donner l'exemple, soit parce que c'est inné en eux.)

Il y a de nombreuses théories qui disent que le Christ est venu en Inde pendant les années mystérieuses. Vous savez que la Bible ne nous dit rien sur Lui entre le moment où Il a douze ans et celui où Il réapparaît, âgé d'environ trente ans. De nombreux livres déclarent qu'Il est allé en Inde, au Tibet, en Egypte, dans tant de pays. En réalité nous ne pouvons rien prouver, mais pour moi, Amma constitue une autorité. Elle parle à partir de Son expérience personnelle et Elle affirme que pour le Christ, le Père désignait Shiva.

> « *Heureux les affligés, car ils seront réconfortés. Heureux les doux et les humbles car le monde leur appartient. Heureux ceux qui ont soif de justice car ils seront satisfaits. Heureux ceux qui pardonnent car ils seront pardonnés. Heureux ceux qui ont le cœur pur, car ils verront Dieu.* »

Voilà la parole la plus importante de la Bible, Ancien et Nouveau Testament réunis : « Si votre mental est pur, vous verrez Dieu. » Tant que nous ne voyons pas Dieu, il nous faut encore purifier notre mental. Que signifie le mot pureté ? La pureté, c'est l'absence de pensées. Plus il y a de pensées, moins le mental est pur. Le but de la méditation et de la vie spirituelle en général est de réduire le nombre des pensées, pour que la Réalité brille en nous.

> « *Heureux ceux qui recherchent la paix, car ils seront appelés fils de Dieu. Heureux ceux qui sont persécutés pour leur bonté, car le royaume des Cieux est à eux. Si l'on vous insulte, si l'on vous persécute et vous calomnie parce que vous croyez en moi, réjouissez-vous ! Soyez heureux car une immense récompense vous attend. Et rappelez-vous que les anciens prophètes, eux aussi, ont été persécutés.* »

Donc, malheureusement, le monde ne comprend pas l'Esprit. Mais l'Esprit comprend le monde. C'est l'essence du message du Christ dans ce passage. Les vertus qu'Il loue ici ne sont pas celles que le monde désire. Dans le monde, personne ne veut être ni affligé, ni doux, personne ne désire pardonner ni faire grâce. C'est un monde agressif, un monde de compétition. Si vous ne luttez pas pour obtenir ce que vous voulez, vous serez laissé de côté. C'est ainsi que le monde fonctionne, régi par *maya*, le principe de l'ignorance spirituelle. Mais ce principe n'est pas celui de la spiritualité, celui des êtres réalisés et des *Mahatmas*. Les vertus spirituelles sont celles que le Christ énumère ; elles sont difficiles à pratiquer, surtout lorsque l'on vit dans le monde. C'est pourquoi la compagnie des sages et la lecture des Ecritures sont si importantes : elles nous enseignent comment mener une vie juste ; nous ne pouvons pas l'apprendre du monde.

> « *Le sel de la terre est fait de quelques rares êtres qui la rendent tolérable.* »

Cela signifie que les saints, les sages, rendent le monde bon. Sans eux, ce ne serait pas un lieu si agréable.

« Si vous perdez votre saveur, qu'arrivera-t-il au monde ? Vous serez rejetés et piétinés. Vous êtes la lumière du monde, une cité bâtie sur la colline et dont la lumière brille pour tous au milieu des ténèbres. Ne cachez pas votre lumière. Qu'elle brille pour tous. Que vos bonnes actions soient connues de tous afin qu'ils glorifient votre Père.

Ne vous y méprenez pas, je ne suis pas venu annuler les lois de Moïse ni les avertissements des prophètes. Je suis venu les accomplir et les réaliser. En vérité je vous le dis, toute loi contenue dans le Livre sera maintenue jusqu'à ce que son propos soit atteint ; celui qui transgresse le moindre commandement et incite les autres à l'imiter sera le dernier au Royaume des Cieux. Mais ceux qui enseignent les lois et leur obéissent seront exaltés au Royaume des Cieux. »

Que dit-Il ? Que les êtres spirituels sont réellement le sel de la terre, l'essence du monde. Ce sont eux qui apportent la joie au monde. Vous savez bien que quand nous nous trouvons auprès d'Amma, nous ressentons une joie qu'aucun objet, aucune satisfaction matérielle ne nous procure. La présence d'un être spirituel nous procure une béatitude unique, un bonheur qu'il est impossible de trouver dans le monde. Ils sont donc l'essence, le sel de la terre. Et Amma nous dit que de tels êtres ne doivent pas se cacher ; c'est exactement ce qu'Elle dit dans le passage que nous avons commenté : ceux qui redescendent après avoir fait l'expérience de la conscience divine doivent faire preuve de compassion et se mêler au monde. Ce sont les véritables *Mahatmas*.

« Les lois de Moïse disent : « Celui qui tue doit mourir. » Mais j'ajoute à cette règle que si vous êtes simplement en

colère, même chez vous, vous risquez d'être jugé. Si vous traitez votre ami d'imbécile, vous pourriez bien être convoqué au tribunal et si vous le maudissez, vous risquez de finir dans le feu. »

Il va donc plus loin, en disant que nos actions physiques ne sont pas les seules qui comptent, mais que même les petits actes sont importants, ce que nous faisons mentalement. C'est un enseignement spirituel, plus profond et plus subtil.

« Si vous vous trouvez dans le temple devant l'autel, en train d'offrir un sacrifice à Dieu et que vous vous rappelez soudain qu'un ami a quelque chose contre vous, laissez votre rituel, allez vous excuser et vous réconcilier avec lui, puis revenez terminer votre offrande.

Faites la paix avec votre ennemi avant qu'il ne soit trop tard et qu'il ne vous traîne devant le juge.

La loi de Moïse dit : « Œil pour œil, dent pour dent. » Mais je vous dis : « Ne résistez pas à la violence. Si on vous frappe sur une joue, tendez l'autre joue. Si vous êtes convoqué au tribunal et qu'on vous prend votre chemise, donnez aussi votre manteau. Si quelqu'un exige que vous l'accompagniez pendant un kilomètre, faites-le pendant deux kilomètres. Donnez à ceux qui vous demandent et ne vous détournez pas de ceux qui veulent emprunter. »

Un proverbe dit : « Aime tes amis et hais tes ennemis », mais je vous dis : « Aimez vos ennemis, priez pour ceux qui vous persécutent. Vous agirez ainsi en véritables fils de Dieu, car Il donne la lumière du soleil et la pluie à tous, bons ou mauvais. Si vous aimez seulement ceux qui vous aiment, à quoi cela sert-il ? Même les vauriens en sont capables. Si vous ne montrez d'amitié qu'à vos amis, quelle différence y a-t-il entre vous et les autres ? Mais vous devez devenir parfaits, comme votre Père au Ciel est parfait. »

Voilà le but, ne faire plus qu'un avec Dieu. Rien de moins. Il nous faut devenir parfaits, même si cela nous paraît, dans notre état actuel, inimaginable. Nous ferons peut-être quelques petites erreurs si quelque chose nous échappe, mais notre conduite, nos pensées, seront toujours en accord avec le *dharma*, notre mental restera toujours pur, clair comme un ciel sans nuage. Si nous voulons penser, c'est possible, mais nous ne sommes pas sous la coupe du mental. Nous pouvons l'utiliser ou bien l'éteindre, à notre guise. Dans un tel mental, tout est parfait. La connaissance parfaite y brille.

Om Namah Shivaya !

Satsang à M.A.Center, 1994,
Cassette 3, face A

Noël et le Christ Mystique - 2

« Faites attention ! N'accomplissez pas vos bonnes actions publiquement, car sinon vous perdez votre récompense. Si vous faites l'aumône à un mendiant, ne le criez pas sur les toits ni dans les rues pour attirer l'attention sur votre acte de charité. Je vous le dis en vérité, ceux qui agissent ainsi ne recevront rien en récompense. Mais si vous faites preuve de bonté envers quelqu'un, agissez en secret. Que votre main gauche ignore ce que fait votre main droite. Et votre Père, qui connaît tous les secrets, vous récompensera. »

Chacune de ces paroles est un enseignement spirituel. En fait le Christ ne dit rien d'autre que des paroles purement spirituelles. Certains de Ses enseignements ont trait à la foi, d'autres à la dévotion, d'autres au renoncement ou bien à l'amour. Voici quelques-unes de Ses paroles au sujet du renoncement :

La rencontre entre Saint François et le pape

Beaucoup d'entre vous ont sans doute lu la vie de Saint François. Il a véritablement mis en pratique l'idéal de renoncement du Christ. Il a eu le sentiment que pour être un vrai disciple du Christ, il devait suivre la voie qu'Il indique dans les Ecritures par Son exemple et Ses paroles. Nous pourrions être aujourd'hui disciples du Christ ; en réalité, c'est toute l'idée : devenir disciple d'un être réalisé, pas seulement dévot. Saint François était donc un disciple authentique. Qu'a-t-il fait ? Il a tout quitté pour s'abandonner totalement à la volonté de Dieu. Il menait une vie de la plus grande simplicité ! Le minimum nécessaire. Nourriture simple, un vêtement sobre. En fait, c'était plus que simple : il portait quelque chose comme un sac de bure !

J'ai dû sortir aujourd'hui et je suis passé près d'un endroit où les gens faisaient leurs achats. Cela m'a fait drôle car pour moi le moment de Noël est associé à une réflexion sur le Christ et sur une vie de renoncement. Ses disciples parcouraient les routes, sans souci du lendemain et même du présent, sans songer à ce qu'ils mangeraient, à l'endroit où ils dormiraient ni aux vêtements qu'ils porteraient. Et voilà tous ces gens qui courent faire des emplettes, au milieu de tous ces objets qui ne sont pas le moins du monde nécessaires. C'était vraiment étrange.

Quant à Saint François, c'était vraiment un saint, Amma a dit qu'il était authentique. Elle est allée pendant des années à Assise, où il a vécu, pour donner trois jours de programme. Bien qu'il ait vécu il y a des centaines d'années (XIIIème siècle) on y sent encore sa présence. Amma dit qu'il était arrivé au but. Il est très rare qu'Elle fasse ce genre de déclaration. De nombreuses personnes l'interrogent au sujet de saints ou de sages et en général Elle ne dit rien, ou bien Elle se contente de sourire. Une telle affirmation est exceptionnelle de Sa part.

Et Saint François est donc un jour allé à Rome. Pourquoi ? Parce qu'il avait reconstruit une église de ses propres mains, avec l'aide de ses amis et de ceux qu'il inspirait. Mais l'évêque et les autorités ecclésiastiques de la ville étaient devenus très jaloux. Et un jour, en son absence, ils vinrent brûler l'église et un des frères disciples de St François fut tué. Alors Saint François pensa qu'il avait peut-être mal agi en reconstruisant l'église et que son initiative de renoncement, etc. était peut-être une erreur, puisqu'un de ses frères avait péri aussi brutalement. Il a donc décidé d'aller voir le pape. Il a pensé que le pape était le représentant de Dieu, qu'il savait tout et qu'il serait capable de lui dire si ce qu'il faisait était juste ou pas.

Il a fait le chemin à pieds. Est-ce que quelqu'un connaît la distance ? C'est un long trajet, pieds nus, habillé d'un sac de bure et mendiant sa nourriture. Ce n'est pas comme nous qui partirions en voiture, roulant à soixante-dix km heure et nous arrêtant pour manger au restaurant, etc...voilà notre style de pèlerinage. Mais lui...dans le froid, sous la pluie, pieds nus...parfois, la nuit tombait avant qu'il ait atteint le village suivant, parfois il n'avait rien à manger pendant deux ou trois jours...

Il est donc allé à Rome avec un certain nombre de ses frères et ils ont réussi à obtenir une audience du pape... ces mendiants ! C'étaient vraiment des mendiants, mais les mendiants de Dieu. C'étaient des disciples du Christ.

Ils sont donc allés au Vatican et ils ont vu ces bâtiments grandioses. Certains d'entre vous connaissent-ils le Vatican ? J'y suis allé lorsque j'étais adolescent. C'est à vous couper le souffle, tant de majesté, de beauté, cette immensité, cette opulence. C'est ce qui a impressionné Saint François, l'opulence ! Il ne s'en remettait pas. Il avait peine à y croire parce que cela n'avait rien à voir avec le Christ.[2]

Il regardait de tous les côtés, il y avait des chœurs et de la musique ; des centaines, des milliers de personnes se trouvaient là. Et le pape était sur un trône, au pinacle de tout cela. Saint François se mit à lire la requête rédigée par une autre personne,

---

[2]   Même si le Vatican actuel, visité par Nealu adolescent, date du XVIème siècle, le siège de la Papauté donnait certainement dès le XIIIème siècle l'image de la puissance et de l'opulence de l'église. (N.d.T.)

qui lui avait obtenu l'audience. Tout le monde les regardait en se bouchant le nez et en pensant : « Que font donc ici ces mendiants si sales ? Comment sont-ils entrés ici ? » Le pape le regardait lui aussi d'un œil sceptique.

Que s'est-il passé ? François n'a pas pu lire ce document tout préparé. Il l'a jeté par terre. Et il s'est mis à citer les Ecritures, les paroles du Christ. En voici quelques-unes, que nous nous apprêtions à lire et qui m'ont rappelé cette histoire :

> *« N'amassez pas de trésors sur cette terre car ils peuvent tomber en poussière ou être dérobés. Amassez-les au ciel où ils ne perdront pas leur valeur et seront à l'abri des voleurs. Là où est votre cœur, là est votre trésor ! »*

Alors il s'est mis à parler ainsi. Et le pape, je crois que c'était Innocent III, possédait en effet quelque innocence. Ces paroles lui ont percé le cœur et il est descendu de son trône ! Quand les autres ont entendu François parler ainsi, ils se sont précipités sur lui en criant : « Quelle insulte ! Pourquoi parle-t-il ainsi ? Comment ose-t-il ! »

Ce sont les paroles du Christ qu'il cite ! Ce ne sont pas les paroles de quelqu'un d'autre, ni des paroles inventées, ni des insultes. Eh bien, ils n'ont pas compris. Ils se sont emparés de lui pour l'arrêter. Et tous les moines le poussaient hors de la pièce, quand le pape a dit : « Arrêtez ! Ramenez-le ! »

Ils l'ont ramené et le pape est venu à lui en disant : « J'étais comme toi quand j'étais jeune, je brûlais du désir de voir Dieu, de mener la vie des disciples du Christ. Mais quelque part, je me suis laissé prendre à toute cette politique ! Je me réjouis de voir ton innocence. »

Et qu'a-t-il fait ? Rappelez-vous, le pape est âgé de quatre-vingts ans et François est un mendiant de vingt ans. Le pape s'est mis à genoux, il a mis la tête sur les pieds de François et il a pleuré ; les autres dans l'église pensaient : « Oh, mon Dieu, que va-t-il se passer ? »

Et un homme fûté dit : « Ne vous inquiétez pas ! Le pape sait ce qu'il fait. En témoignant du respect envers cet homme pauvre, il va ramener tous les pauvres à l'église. »

Bien entendu, ce n'était pas l'intention du pape ; il n'était pas si rempli de malice, il était innocent. Il s'est relevé, et il est retourné à contre-cœur s'asseoir sur son trône. Saint François est reparti pour sa petite église, à Assise.

« Si votre œil est pur, le soleil brillera dans votre âme. Mais si votre œil est voilé par de mauvaises pensées et des désirs néfastes, vous êtes dans de profondes ténèbres spirituelles. Oh ! Comme ces ténèbres peuvent être profondes ! »

Qu'est-ce que cela veut dire ? « Si votre œil est pur. » : le regard que vous portez sur les choses correspond à l'état de votre mental. Si celui-ci est plein de Dieu, vous voyez Dieu en tout. Un voleur voit partout l'occasion de voler, un objet à dérober. Une personne pleine de bonté découvre partout l'occasion de faire le bien. Tout ce que vous voyez corres-pond à la vision de votre mental. Les yeux sont comme des fenêtres à travers lesquelles tout pénètre dans le mental pour y être interprété ; cela revient un peu à porter des lunettes de soleil. Si vous avez des lunettes de soleil vertes, tout est vert. Si votre mental possède de belles qualités, tout est bien. N'y a-t-il pas un proverbe qui dit cela ?

Yuddisthira était l'aîné des frères Pandavas, parents de Sri Krishna. Les textes disent qu'il n'était jamais né d'ennemi à Yuddhisthira. Yuddhisthira avait tant d'ennemis ! Au cours de la guerre du Mahabharata, des millions de personnes ont été tuées ; la moitié, les trois quarts d'entre elles étaient hostiles à Yuddisthira et avaient pour objectif de le tuer ! Pourtant les Ecritures disent qu'il n'avait pas d'ennemi parce qu'il ne considérait personne comme ennemi mais au contraire tous les êtres comme des amis. Son mental était pur, il n'avait donc pas d'ennemis ! Il était innocent. C'est cela un mental pur, un œil pur. Un être aussi pur jouit toujours de la protection de Dieu.

Le renoncement - Histoire de l'homme qui ne craignait pas les moustiques

« Vous ne pouvez pas servir deux maîtres. »

Voilà ce qu'Il enseigne. C'est notre sujet.

« Vous ne pouvez pas servir deux maîtres : Dieu et l'argent ; vous aimerez forcément l'un et haïrez l'autre. Je vous conseille donc de ne pas vous inquiéter du boire et du manger, des vêtements que vous porterez. Vous possédez déjà la vie et un corps, ce qui est beaucoup plus important que la nourriture et les habits. Regardez les oiseaux. Ils ne se soucient pas de se nourrir. Ils ne sèment ni ne récoltent, ils n'engrangent pas, car votre Père les nourrit. Et vous avez à Ses yeux beaucoup plus de valeur.

Toutes vos inquiétudes ajouteront-elles un seul instant à votre vie ? Et pourquoi vous préoccuper de votre vêtement ? Regardez les lys des champs, ils ne s'en soucient pas. Et pourtant le roi Salomon dans toute sa gloire n'était pas habillé aussi magnifiquement qu'ils le sont. Et si Dieu s'occupe si merveilleusement de fleurs qui ne vivent qu'un jour, comment pourrait-Il manquer de pourvoir à vos besoins? Oh ! Hommes de peu de foi !»

N'ayez donc pas peur de manquer de nourriture ou de vêtements.

« *Pourquoi être comme les païens qui tirent gloire de toutes ces choses et en font leur souci essentiel ? Votre Père connaît déjà parfaitement vos besoins et Il y pourvoiera si vous Lui faites la première place dans votre vie et vivez comme Il le désire.* »

Ce ne sont pas de simples paroles. C'est l'expérience de toute personne dont le renoncement est sincère. Il est très difficile d'arriver à faire le saut qui permet de renoncer et de faire confiance à Dieu. Mais tous ceux qui l'ont fait ont reçu Sa protection.

J'ai un jour rencontré quelqu'un qui avait renoncé à tout. Il ne possédait que deux morceaux de tissu, deux dhotis. C'est ce que je porte, mais les siens étaient si grands qu'il pouvait aussi se les draper autour du buste. Il en avait deux pour pouvoir se changer après le bain et laver celui qui était sale. Il avait fait le vœu de ne jamais rien demander. Et il a passé sa vie à marcher d'un lieu sacré à l'autre... Ils sont si nombreux en Inde, les temples fondés par les sages et les saints abondent. Il avait donc décidé de passer vingt-cinq ans de cette manière. Dans chaque lieu sacré, il pratiquait sa *sadhana*, il méditait, allait au temple, assistait aux *pujas*. Il a beaucoup souffert. Il a marché, sans jamais prendre un véhicule pendant vingt-cinq ans ! Il est allé jusque dans l'Himalaya où il fait très froid. Vous imaginez partir et dormir dehors habillé d'un T-shirt et d'un short ? Pendant combien de temps ? Pas seulement quelques heures... vingt-cinq ans !

J'ai une fois dormi dans la même pièce que lui ; elle était remplie de moustiques ! Je n'en ai jamais vu autant, des moustiques énormes ! Il devait y en avoir à peu près quinze ou vingt mille dans une pièce grande comme ça ! Comme si des prêtres récitaient des *mantras* védiques. Quand ils se rassemblent pour psalmodier les Védas ou quand nous chantons des *bhajans*, le son est très fort n'est-ce pas ? Eh bien c'était cela, la mélopée des moustiques ! Je n'ai pas pu le supporter ! Quelqu'un m'a donné une moustiquaire. Je me suis mis dessous et j'ai eu à peu près la paix, excepté le fait que deux ou trois moustiques étaient rentrés dedans et m'empêchaient de dormir. J'étais très en colère ! J'ai pris ma lampe de poche pour les chercher, déterminé à m'en débarrasser.

Et que faisait-il pendant ce temps ? Il était allongé sans moustiquaire sur une planche : sans couverture, sans oreiller, rien. J'avais un matelas, un oreiller, une couverture, tout. Il n'avait que son deuxième dhoti, un tissu de coton fin, comme de la gaze. Il s'en est couvert et s'est endormi paisiblement. Les moustiques ont dû le dévorer vivant ! Mais il ne s'en souciait pas. Et vers deux heures du matin, il s'est levé et il s'est assis au milieu des moustiques en répétant : « Ram ! Ram ! Ram ! » jusqu'à six ou sept heures du matin. Je l'ai examiné de près le lendemain en pensant qu'il serait couvert de sang. Il n'avait pas une piqûre. Il s'était si totalement abandonné à la volonté de Dieu, que Dieu prenait soin de lui. Il n'est pas mort de faim. Il était toujours vivant au bout de vingt-cinq ans. Il était maigre mais pas faible, très fort au contraire.

Et quand il entendait des *bhajans*, il entrait en extase... C'était très beau. Il se levait, sans pouvoir se contrôler, et il dansait, il courait, il criait, il riait. Il s'écroulait sur le sol en riant, car il avait renoncé à toute pensée, sauf à celle de Dieu. Les *bhajans* le transportaient donc vers Dieu. Il se fondait en Dieu et Dieu est béatitude. Il était en extase.

Le Christ et le jeune homme riche

Ce genre de foi, de renoncement, est nécessaire. Cela ne signifie pas que nous devons nous promener pendant vingt-cinq ans en Amérique affublé d'un dhoti. Il s'agit d'avoir le minimum, rien de plus que le nécessaire. Combien de paires de chaussures, de vêtements et d'objets inutiles possédons-nous ? C'est incroyable ! Contentez-vous du nécessaire. Et distribuez le reste. Vous n'en

avez pas besoin. Même l'argent. De combien avez-vous besoin ?
Gardez cela et donnez le reste ! C'est ce qu'a dit le Christ au jeune
homme riche qui est venu le trouver.

> *« Quelqu'un est venu trouver Jésus et Lui a demandé : « Bon maître, que dois-je faire pour trouver la vie éternelle ? »*

Quelqu'un a posé la question : « Comment puis-je réaliser le
Soi, atteindre la libération, *mukti* ? » Il n'aurait pas dû demander
(*rires*). Il vaut mieux ne pas interroger un être réalisé tant que l'on
n'est pas prêt à entendre la réponse. Vraiment, c'est sérieux. Il
vaut mieux ne pas demander si c'est pour ne pas suivre le conseil.
« Que dois-je faire pour trouver la vie éternelle ? »
Il s'attendait à quelque chose de facile, du genre : va méditer
cinq minutes, sois strictement végétarien… Que répond le Christ ?

> *« Tu m'appelles bon (bon Maître), tu m'appelles donc Dieu, car Dieu seul est vraiment bon. Mais pour répondre à ta question, tu iras au ciel si tu observes les commandements. »*

> *« Lesquels ? » demanda l'homme.*

> *Jésus répondit : « Ne tue pas. Ne commets pas l'adultère. Ne vole pas. Ne mens pas, honore ton père et ta mère et aime ton prochain comme toi-même. »*

> *« J'ai toujours obéi à ces règles. Que dois-je faire d'autre ? » demanda le jeune homme.*

Voilà, je fais déjà tout cela, et je n'ai toujours pas la vie éternelle. Où est donc mon erreur ?

> *Jésus lui dit : « Si tu veux être parfait, va, vends tout ce que tu as, distribue l'argent aux pauvres et tu auras un trésor dans le ciel. Viens et suis-moi. »*

Mais quand le jeune homme entendit cela, il s'en alla rempli de tristesse, car il était très riche. Alors Jésus dit à ses disciples : « Il est presque impossible à un homme riche d'entrer au Royaume des Cieux. »

Cela ne signifie pas que quelqu'un est à la barrière et demande : « Vous êtes riche ? Alors vous ne pouvez pas entrer. Nous ne laissons entrer ici que les pauvres. C'est le contraire de ce qui se passe sur terre. » Non. Mais tant que le mental se préoccupe des choses de ce monde, comment est-il possible de penser à Dieu ?

Ou si vous adoptez le point de vue de *jnana*, la voie de la connaissance, tant que le mental est constamment tourné vers l'extérieur, comment peut-il demeurer dans le Soi ? Comment serait-il possible d'obtenir un mental calme, qui reflète la lumière du Soi ? Or quatre-vingt-dix pour cent des personnes riches le sont parce ce qu'elles le désirent. Leur mental est préoccupé par leurs richesses, comment pourraient-elles en même temps penser à Dieu ? Bien sûr, quelques rares personnes sont riches parce que tel était leur destin et sont parfaitement détachées. Elles ne calculent pas. Elles dépensent selon leurs besoins. Elles seraient capables de se lever et de tout quitter en une minute, sans jamais plus y songer, sans regarder en arrière. Quand Christ dit qu'il est impossible à un homme riche d'entrer au Royaume des Cieux, il veut dire qu'il lui est impossible de méditer profondément.

« En vérité je vous le dis, il est plus facile à un chameau de passer par le trou d'une aiguille qu'à un homme riche d'entrer au Royaume des Cieux. »

Les disciples eux-mêmes furent stupéfaits par cette déclaration. Ce n'est pas qu'ils étaient riches. Mais ils pensèrent : « Que dit-Il ? Cela veut dire que quiconque possède de l'argent n'a pas accès à la conscience divine ? »

Je ne crois pas qu'ils pensaient déjà en termes de conscience divine. Cela n'est venu qu'après.

« Mais alors qui en ce monde peut être sauvé ? » demandèrent-ils. *Jésus les regarda intensément et dit : « Humainement parlant, personne. Mais avec Dieu, tout est possible. »*

Donc par la grâce de Dieu, même une personne très attachée aux richesses peut réaliser Dieu. Rien n'est impossible ! En réalité, nos efforts seuls ne nous permettront jamais d'atteindre Dieu. Et pourtant il nous faut faire un maximum d'efforts, en laissant le reste à Dieu.

Les plus importantes paroles du Christ

Y a-t-il quelqu'un ici qui ne connaît pas la vie du Christ ? En bref, il a parlé aux disciples et accompli des miracles pour insuffler la foi au peuple. Il était venu détruire les méchants, comme c'est le but d'Amma. Non pas qu'Elle leur fasse physiquement quoi que ce soit, mais Elle détruit le mal en eux pour que l'enfant divin, l'enfant innocent qu'ils portent en eux se révèle. A l'époque du Christ, il y avait les Pharisiens et les Saduccéens. Ils étaient censés être les prêtres et montrer au peuple la voie menant à la réalisation de Dieu. Mais ils ne s'en préoccupaient pas du tout et se souciaient moins de religion que de commerce. Voilà ce que dit le Christ :

« Vous avez transformé ce temple en marché ! »

Il est entré et il s'est mis à tout jeter par terre en disant :

« C'est un repaire de voleurs ! »

Et tout reposait à l'époque dans les mains des prêtres ! Un des buts de la naissance du Christ était de purifier la société. Et comme ils n'avaient en eux aucune vérité, ils n'ont pas pu accepter Ses paroles et ont fini par comploter contre Lui et l'amener devant le tribunal. Il a été jugé, reconnu coupable et exécuté. Il a été crucifié.

Il semble que longtemps auparavant, en Israël, des *Mahatmas* avaient prédit ces événements à différentes reprises. Ils avaient parlé d'un *avatar*, qu'ils appelaient le Messie, qui serait le fruit de toute la vie spirituelle et religieuse du peuple, de leur observance du *dharma*. Et tout avait été prédit, même Ses paroles. Et quand ils Lui ont demandé : «Es-tu le Messie ? » Il a répondu : « Oui ». Mais ils n'ont pas pu l'accepter. Il a donc été crucifié et Il a dit :

« Pardonne-leur, car ils ne savent pas ce qu'ils font. »

Amma nous dit que telle devrait être notre attitude, que nous devons développer ces qualités. Les *Mahatmas* comme Krishna ou le Christ ont le pouvoir de changer la situation et de se protéger, mais Ils ne l'ont pas fait. Ils ont en revanche insisté sur le pardon, la miséricorde, la compassion.

La dernière parole du Christ fut ce qu'Il pouvait dire de meilleur. Et nous devons nous en rappeler, parce que ce n'est pas vrai seulement du Christ, c'est vrai de tout *avatar*, de tout être divin. C'est ce qui nous donne la force de continuer nous apportant le réconfort, la consolation et la foi que, quoi qu'il arrive, notre *avatar*, notre Dieu est toujours avec nous. Qu'a-t-Il dit ?

Après Sa mort, Il ressucita Son corps physique au bout de trois jours. Il lui redonna la vie, ce qui est un jeu d'enfant pour un être comme Lui. Il est venu voir Ses disciples, Il leur a parlé et avant de les quitter, Il leur a dit :

« Sachez que Je suis toujours avec vous, jusqu'à la fin du monde ! »

Om Namah Shivaya.

Satsang à M.A. Center, 1994
Cassette 3- Face B

Le détachement - 1

Gurur brahma gurur vishnu
gurur devo maheshvarah
guruh sakshat parambrahma
tasmai sri gurave namah

Nous avons étudié le chant Omkara divya porule, qui expose la philosophie du Védanta ou advaïta : vous êtes l'atman, vous n'êtes pas le corps ; le corps meurt mais pas vous ; la béatitude que vous recherchez sans cesse, chaque jour, à tout instant de votre vie n'est pas à l'extérieur de vous mais est l'atman, le Soi réel.

Amma n'a écrit aucun de ces versets Elle-même, mais un des *brahmacharis* a noté Ses paroles, Ses enseignements, et en a fait un chant.

Voici le verset que nous avons étudié la fois dernière :

Tyagam manassil varanyal kodum tapam varum maya-mulam

Asatiraikilo klesamvarum sarva nasamvarum bhuvilarkum

Si le mental ne cultive pas le renoncement, l'illusion, *maya*, entraîne de grandes souffrances. Si le désir n'est pas déraciné, il engendre le chagrin et cause même la destruction de tous les êtres en ce monde.

L'histoire de Bhartrihari

L'histoire de Bhartrihari, un *Mahatma*, illustre bien ce verset. Au départ, il n'était ni moine, ni renonçant. Il était un roi, grand dévôt certes, mais roi. Un sage vint le voir et lui donna un fruit en disant : « Si tu manges ce fruit, tu deviendras immortel, ou bien tu vivras très longtemps. » Le roi donna alors le fruit à la reine qui était sa favorite, mais le fruit finit par lui revenir après être passé par de nombreux intermédiaires. La reine le donna à son amant qui le donna à sa maîtresse, qui le donna à son amant...le fruit parvint enfin entre les mains d'une personne qui estima que le roi seul était digne de recevoir un fruit aussi merveilleux. Celui-ci remonta toute la chaîne et découvrit que la reine lui était infidèle.

Cette découverte le réveilla du sommeil de *maya*. L'être qui lui était le plus cher au monde, sa reine, ne lui était pas fidèle, son soi-disant amour n'était que superficiel. Il se mit à réfléchir à des choses plus profondes et décida de quitter le monde dans lequel il avait passé sa vie à poursuivre des rêves. Il se fit *sannyasi*, moine, se retira dans une grotte, je crois que c'était quelque part dans le Bihar, et se livra à des pratiques d'austérités pour le reste de sa vie. Il est l'auteur de *Vairagya sadakam*, cent vers sur le renoncement. C'est un texte superbe, en sanscrit. Il n'existe probablement pas de livre comparable sur le détachement ou le renoncement. Ce qui s'en rapproche le plus dans la littérature traditionnelle est le *Bhajagovindam* de Shankaracharya, qui traite également de la nature éphémère du monde, du caractère illusoire des joies de ce monde et de la grandeur de la réalisation du Soi.

Nous allons donc étudier quelques-uns des vers du *Vairagya sadakam*, qui ne nous éloigne pas de l'enseignement d'Amma. Ils en sont, pourrait-on dire, le prolongement.

Pourquoi Amma insiste-t-Elle tant sur le renoncement ? Comme nous l'avons dit si souvent, le renoncement ne consiste pas à devenir *sannyasi*, à partir dans la forêt ou bien à vivre dans un ashram en suivant une discipline austère (*tapas*). Dans la vie quotidienne, chacun est bien obligé de pratiquer un minimum de renoncement. Imaginez que vous rentrez de l'école et que le lendemain, vous ayez un examen. Si votre mental dit : « Je veux regarder la télé », la raison rétorque : « Non, je dois travailler, sinon je vais rater mon examen demain. » Qu'allez-vous faire ? Allez-vous écouter la voix du mental et des sens ou bien celle de la raison ? Ashok, vas-tu jouer sur ton ordinateur ou bien travailler ?

« Je vais travailler. »

« Très juste. Et pourquoi ? »

« Parce que sinon, je vais rater mon examen. »

« Oui, et tu auras de gros problèmes si tu échoues. Tu laisses donc de côté le plaisir temporaire pour atteindre un but à long terme. Juste ? »

Cela s'appelle le renoncement ; nous le pratiquons tous.

Quoi que nous fassions, en ce monde, il nous faut contrôler le mental et les sens dans une certaine mesure, car leur nature même est de vagabonder. Notre sentiment naturel est que le bonheur se trouve à l'extérieur, dans les objets des sens. C'est l'expérience de chacun de nous ; mais si nous donnons libre cours aux sens, ils nous mènent à notre perte. Dépourvus de concentration, nous sommes incapables d'agir correctement et nous finissons par tomber dans un puits. Les Upanishads donnent l'image du conducteur de char et qui tient les rênes des chevaux. S'il les lâche et laisse les chevaux la bride sur le cou, qu'arrive-t-il ? Ils s'emballent, le char verse dans le fossé et le voilà blessé. Les sens sont les chevaux. Il nous faut donc apprendre à tenir les rênes et à maîtriser les chevaux.. Sinon, nous allons souffrir. Peu importe qui nous sommes. Nous ne pouvons pas dire : « Je ne savais pas ».

C'est comme le feu. Imaginez un réchaud à gaz allumé. Vous êtes tout petit, vous avez peut-être un an et vous ne connaissez pas le feu. Vous ne l'avez jamais vu. Si vous pensez : « Oh ! Que c'est joli ! » et que vous y mettez les doigts, que se passe-t-il ? Vous vous brûlez. Vous ne pouvez pas vous plaindre au feu : « Je ne suis qu'une petite fille, je ne savais pas que tu allais me brûler. Tu n'aurais pas dû. »

Le feu ne s'inquiète pas de vous. Les lois de la nature sont ainsi faites que peu importe qui les enfreint, peu importe que vous soyez innocent ou ignorant. Telles sont les lois. De même les sens et le mental ont leur propre nature et ne se préoccupent pas de nous. Mais nous l'âme, *l'atman*, il nous faut apprendre à les contrôler si nous voulons mener une existence paisible, une vie convenable et ne pas nous éparpiller.

Amma affirme que le contrôle de soi peut être poussé à un point extrême, qu'il est possible de maîtriser et d'apaiser le mental jusqu'à parvenir à la connaissance du Soi. Telle est la condition nécessaire pour prendre conscience de la présence de Dieu en nous, si nous adoptons le point de vue de la *bhakti*. Si vous voulez faire l'expérience de ce que vous êtes vraiment, c'est-à-dire ni le corps, ni le mental, mais *l'atman* immortel, alors le mental doit devenir parfaitement calme. La tendance du mental à se tourner vers l'extérieur doit d'abord être maîtrisée, que ce soit pour atteindre des buts profanes ou pour obtenir la réalisation spirituelle.

Histoire de Parikshit et du Srimad Bhagavatam

Nombre d'entre vous ont peut-être lu le *Srimad Bhagavatam*. C'est un recueil d'histoires qui raconte la vie de Krishna, celle de plusieurs incarnations de Vishnou, de dévots de Vishnou et de nombreux rois. Il contient des leçons en abondance.

Ces histoires sont racontées à un roi du nom de Parikshit auquel il reste une semaine à vivre. On lui a révélé que dans sept jours, il succomberait à une morsure de serpent. C'était son destin. Cette nouvelle changea complètement sa vision de la vie. Jusqu'alors, il était bon vivant, comme tout un chacun. Bon roi, au demeurant. Mais quand il entendit qu'il allait mourir dans sept jours, une transformation radicale se produisit en lui. Il se dit : « A quoi servent mon royaume, ma famille, ma fortune, ma renommée, tout, y compris ma santé ? Dans une semaine, il ne me restera rien de tout cela. Existe-t-il quelque chose de plus durable ? »

Comme il était de nature spirituelle, il savait qu'il existe quelque chose de plus précieux que les objets éphémères de ce monde : le Soi, *l'atman*, la vision de Dieu. Il s'est donc assis au bord du Gange pour méditer. Pourquoi ? Savez-vous pourquoi nous méditons ? Parce que le mental est si agité qu'il faut le calmer avant d'obtenir la vision intérieure. La méditation est un des moyens de l'apaiser. Quand vous parvenez au point où vous voulez connaître votre nature réelle, trouver la paix, alors le monde des sens vous apparaît comme une distraction. Beaucoup parviennent à ce stade et adoptent alors une pratique spirituelle. Vous commencez à éprouver les sens comme une source de tensions : ils courent tous les cinq dans cinq directions différentes, désirant constamment être stimulés et satisfaits. Certains ont fait l'expérience de tous les plaisirs sensoriels qu'ils désiraient sans atteindre le contentement. Une prise de conscience se produit en eux : « Mais c'est terrible ! Les sens me tirent dans toutes les directions ! Malgré moi, ils continuent! » C'est ce qu'on appelle une *vasana*.

Amma illustre la puissance des *vasanas* par une histoire. Non seulement les sens, mais les habitudes que nous prenons en les écoutant nous déchirent. Nous prenons une bonne résolution : « Je ne le ferai plus ! », mais l'habitude nous pousse à recommencer. Amma donne l'exemple du chien et du chacal. Le chien aboyait chaque fois que le chacal passait. Il décida de ne plus perdre son temps à cela. « Pourquoi devrais-je aboyer après le chacal ? » La fois suivante, à l'approche du chacal ... le chien a aboyé.

Vous connaissez l'histoire du chat qui voulait apprendre à lire et à écrire ? Il était une fois un chat qui en avait assez de courir après les souris. Il songea : « Il doit y avoir un meilleur moyen d'assurer ma subsistance que de chasser les souris. Si j'apprenais à lire et à écrire, je pourrais sans doute trouver un emploi, temporaire bien sûr. »

Le chat se procura donc un cours par correspondance, un livre. Il étudiait la nuit, à la lueur d'une chandelle. Tout alla bien pendant environ une semaine. Et puis une nuit, voilà qu'une souris passe par là. Et le chat de renverser la chandelle et de courir après la souris ! Oubliées les leçons de lecture ! C'est cela, une *vasana*. Nous prenons la décision de ne plus faire quelque chose et dès que la situation se présente, nous recommençons. Voilà une raison supplémen-taire de nous efforcer de pratiquer la maîtrise de soi et le renoncement : pour ne pas devenir les marionnettes des sens et des habitudes.

Le roi Parikshit essayait de méditer, sans y parvenir. Lorsque vous aspirez vraiment à la paix intérieure, quelle qu'en soit la raison - une grande souffrance, un aperçu de la béatitude spirituelle ou encore la rencontre d'un *Mahatma* comme Amma - le maître apparaît. Inutile de partir à sa recherche, la rencontre se produit, c'est une loi spirituelle.

Parikshit s'efforçait donc de méditer quand Suka, un *Mahatma* exceptionnel, arriva sur la rive du Gange, accompagné de nombreux autres *Mahatmas*. Il allait initier Parikshit d'une manière unique : en lui racontant une longue histoire, qui lui prit sept jours. C'était le *Srimad Bhagavatam*. Et à la fin, Suka déclara : « Si j'ai raconté toute cette histoire au sujet de la nature de l'univers, du but de la vie spirituelle, de la dévotion, de la méditation, de la sagesse, du détachement et de tout cela, c'est uniquement pour t'inspirer un sentiment de détachement envers les objets des sens. C'est seulement ainsi que tu pourras goûter la paix et la béatitude de l'âme, de *l'atman*. »

Grâce à un mélange de dévotion (il venait d'entendre toutes ces histoires au sujet de la vie de Krishna et des *avatars* de Vishnou), à l'imminence de la mort (il possédait le sérieux nécessaire) et aux paroles de Suka qui lui avaient révélé la nature du monde, Parikshit ferma les yeux après avoir écouté le *Bhagavatam* pendant sept jours et déchira le voile de l'illusion : son mental devint parfaitement calme. Il put y voir se refléter son véritable Soi. Il perdit toute conscience du corps et du monde, comme dans le sommeil profond. Il n'avait aucune conscience de l'extérieur, mais à l'intérieur il était parfaitement conscient de son Soi réel. Pendant qu'il était dans cet état, le serpent arriva et le mordit ; son corps mourut. Mais il s'était fondu à jamais dans la béatitude de *l'atman*.

Paroles de Bhartrihari : désir et renoncement

Le renoncement, la faculté de déconnecter le mental, et les sens et de rester parfaitement tranquille, essayant de parvenir à la vision intérieure, est absolument nécessaire. Nous y parvenons grâce au *satsang*, à la présence d'un être comme Amma ou grâce aux enseignements donnés dans les Ecritures. Le *Vairagya sadakam* a été rédigé dans ce but. Bhartrihari l'a certainement écrit à partir de son expérience, mais aussi pour que les autres en bénéficient.

« Gloire à Shiva, la Lumière de la Connaissance qui demeure dans le temple du cœur du yogi ; tel le soleil levant, Il détruit les ténèbres infinies de l'ignorance qui enveloppent

le mental humain, Lui dont la présence de bon augure amène la prospérité, qui comme par jeu a brûlé Cupidon comme un insecte, et dont le front est orné d'un croissant de lune lumineux. »

L'ishta devata de Bhartrihari, son dieu, était Shiva. Il commence donc son œuvre par une prière à Sa gloire. Je ne vais pas lire les cent vers, nous en lirons peut-être une trentaine.

«Nous n'avons pas savouré les plaisirs du monde, et nous avons été dévorés. »

Il vous est déjà arrivé de trop manger ? La nourriture semblait délicieuse. Vous en avez profité mais vous n'avez pas su vous arrêter. Que s'est-il passé ? Le plaisir s'est transformé en douleur, en indigestion. C'est l'œuvre des sens. La modération ne pose pas de problème, mais si vous ne contrôlez pas l'accélérateur, pour ainsi dire, au lieu de manger, vous êtes mangé !

« Nous n'avons pas pratiqué d'austérités religieuses, et nous avons été brûlés. Le temps n'a pas disparu, c'est nous qui disparaissons car la mort approche ; le désir n'a rien perdu de sa force, bien que nous soyons réduits à la sénilité. »

Selon Amma, à tout âge, même à cent ans, le désir a seize ans. N'allez pas croire qu'une personne âgée soit sans désir. Son désir est aussi fort que celui d'un jeune de seize ans.

« Nos visages sont creusés de rides, les cheveux sont devenus gris, nos membres affaiblis, mais le désir lui, garde sa jeunesse. »

Le corps tombe en ruines, mais le désir ne faiblit pas, parce que cela lui est impossible : c'est sa nature. A moins d'y faire quelque chose, il ne déclinera pas avec l'âge. Ne pensez pas :

« Oh, quand j'aurai quatre-vingts ans, j'arrêterai tout, j'irai dans un ashram et je méditerai. » Le désir ne cesse pas de lui-même et c'est lui qui agite le mental et les sens. Ce n'est pas une chose abstraite, comme nous pourrions le penser. Bien qu'il soit sans forme, nous connaissons sa nature et son action : c'est la force du désir qui pousse le mental à courir vers l'extérieur.

> *« Mes amis, qui m'étaient aussi chers que la vie, se sont envolés bien vite vers le Ciel (ils sont morts), le goût pour les joies de la vie s'est émoussé et le res-pect que je recevais a disparu, ma vue est voilée par la cataracte et le corps ne peut se soulever que lentement, à l'aide d'un bâton, et pourtant, (hélas, quelle folie !) ce corps tremble à l'idée que la mort vienne l'anéantir. »*

Donc, bien que le corps tombe en ruines, que tous mes amis soient morts, que je puisse à peine me lever à l'aide d'un bâton tellement je suis vieux, quand je pense à la mort, je tremble.

> *« L'espoir est comme une rivière dont les désirs incessants sont les eaux. Les vagues du désir déferlent, les différents attachements sont ses prédateurs. Les plans élaborés par l'intellect sont les oiseaux qui y vivent ; cette rivière détruit sur son passage les grands arbres de la patience et du courage. Les tourbillons de l'ignorance et sa grande profondeur la rendent infranchissable. C'est cette rivière que les grands yogis au mental pur traversent pour goûter la béatitude suprême. »*

L'espoir- un désir apparaît et aussitôt après, l'espoir de pouvoir le satisfaire. C'est là l'œuvre de *maya*. Les Ecritures le disent, Amma aussi. Les sages et les saints affirment tous la même chose. L'idée que nous allons trouver le bonheur permanent dans une chose extérieure, quelle qu'elle soit, est due à *maya*, l'illusion cosmique. Toute notre vie spirituelle vise à transcender le pouvoir de *maya*. Quand vous voulez décoller, vaincre la force de gravité, que faites-vous ? Elle ne va pas disparaître d'un coup de baguette magique. Vous désirez voler, vous montez dans un avion. Et si vous voulez sortir de l'atmosphère, il vous faut un vaisseau spatial. La fusée doit atteindre une certaine vitesse pour échapper à la force de gravité. Mais vous pourriez rester sur Terre éternellement que la gravité ne vous lâcherait pas. C'est la loi de la nature. *Maya* fonctionne de la même manière. Ce n'est ni de la cruauté ni une mauvaise plaisanterie, c'est la loi de la nature, comme dans l'exemple du feu que nous avons déjà vu. Le feu n'est pas cruel. Il remplit une certaine fonction. Imaginez un monde sans gravité ! Que se passerait-il ? Nous flotterions dans la pièce. Nous nous heurterions les uns aux autres et une foule de problèmes s'ensuivraient. La gravité est nécessaire. Mais si pour une raison ou une autre nous souhaitons lui échapper, il nous faut atteindre la vitesse nécessaire pour décoller. Une fois que nous avons dépassé un certain point, nous sommes libres de voler.

Ainsi, si nous désirons échapper à la force de *maya* et ne pas être les marionnettes des sens, si nous voulons être délivrés de l'illusion que nous pouvons fonder notre bonheur sur ce qui est éphémère, il nous faut lutter. Nous devons combattre aussi longtemps que nécessaire, jusqu'à ce que nous ayons vaincu l'influence de *maya*. C'est *moksha*, la libération, la réalisation du Soi, la vision de Dieu. Combien de temps faut-il batailler ? Combien de fois ? Cela revient à demander combien de fois il faut voler avant de transcender la force de gravité. Jusqu'à ce qu'on soit au-delà.

D'où l'importance de l'effort constant dans la vie spirituelle car nous devons sans cesse nous souvenir de cette vérité. C'est pour cela que je répète toujours la même chose. Cela ne veut pas dire que j'ai moi-même transcendé *maya*. C'est aussi pour moi-même, pour me rafraîchir la mémoire. Chaque fois que je lis un texte comme celui-là, et que je m'entends le dire, je me souviens que *maya* essaie constamment de me tirer vers le bas et que je dois essayer de me réveiller. Ces textes nous secouent et nous réveillent, nous rappelant que le corps va mourir. Il vieillit mais les désirs ne diminuent pas. Quoi que j'aie pu faire en ce monde, cela ne m'a pas apporté le bonheur. Si j'ai jamais ressenti la paix et le bonheur, c'est en progressant dans la méditation ou dans la maîtrise de moi-même. Et de tels textes nous y aident.

> « *Ce qui nous donne du plaisir, aussi longtemps que nous l'ayons possédé, finit toujours par nous quitter. Puisque nous en serons un jour privés, pourquoi ne pas y renoncer de nous-mêmes ?* »

Nous en parlions l'autre jour, un proverbe dit : « On n'emporte rien dans la tombe. » Eh bien, il y a moyen d'y parvenir. Vous savez comment ?

« En réalisant Dieu »

Oui, bien sûr, c'est la voie suprême. Mais même avant la réalisation. C'est un secret. Vous possédez mille dollars et vous voulez les emporter. Non, je ne plaisante pas. Si donc vous voulez les prendre avec vous, faites en don à quelqu'un. Car ce que vous donnez, voilà ce que vous emportez. Vous comprenez ? C'est la loi du *karma*. Vous recevez le fruit de vos actions. C'est la seule manière de prendre quoi que ce soit avec vous : en le donnant. Alors au moment opportun, cela vous revient. C'est peut-être étrange, mais c'est ainsi.

Il dit donc : nous savons bien qu'il nous faudra un jour lâcher les objets de plaisir ; soit ils nous quittent, soit nous les quittons ; alors pourquoi ne pas y renoncer auparavant ? Si les plaisirs nous abandonnent de leur propre initiative, s'ils nous sont arrachés, cela engendre une grande souffrance mentale. Si on vous vole quelque chose ou que votre affaire fait faillite, vous sombrez dans la détresse. Mais ce serait différent si vous en aviez fait don. Vous seriez heureux. Qui renonce volontairement à ces objets connaît la béatitude éternelle de la réalisation. Donc, plus vous donnez...Il ne s'agit évidemment pas de donner pour obtenir quoi que ce soit en échange, ce principe relève du commerce et ce n'est pas l'idée que nous évoquons ici. Si vous donnez, vous ne désirez rien d'autre et vous êtes heureux. C'est le désir qui nous rend malheureux, misérables et agités. Quand vous ne désirez plus rien, seulement donner, alors vous obtenez quelque chose d'entièrement différent : la paix intérieure. Seul le renoncement peut vous la donner.

> « *Bénis sont ceux qui vivent dans des grottes de montagne et méditent sur Brahman, la lumière suprême, tandis que des oiseaux se perchent sans crainte sur eux pour boire les larmes de béatitude qu'ils versent pendant leur méditation. Tandis que notre vie s'enfuit rapidement dans la jouissance de nos palais princiers, sur les bords de bassins rafraîchissants ou bien encore dans nos jardins de plaisir, pures créations de notre imagination.* »

Donc, bénis sont ceux qui passent leur vie dans la béatitude de la méditation sur Dieu et pleurent de béatitude. Les oiseaux viennent se poser sur eux sans crainte.

> « *Je mange la nourriture que je reçois en aumône, une seule fois par jour, et encore sans goût ; la terre est mon lit, le corps est mon serviteur, je n'ai pour tout vêtement qu'une couverture cent fois rapiécée et pourtant, hélas, les désirs ne m'ont pas quitté.* »

Bien que je n'aie rien, que j'aie renoncé à tout, je suis incapable de renoncer aux désirs. Telle est la force du désir !

> « *L'insecte saute dans les flammes étincelantes sans savoir que le feu brûle.* »

Vous avez déjà vu un insecte dans le feu ? Non ? Une mouche sur la lampe ? Ce serait pareil si elle trouvait le feu.

« Le poisson, par ignorance, mange l'appât attaché à l'hameçon, mais nous qui sommes dotés de discernement, nous ne renonçons pas aux plaisirs des sens, mêlés de tant de dangers. Hélas, la puissance de l'illusion est infinie. »

Rappelez-vous, cependant, que ni Amma ni les Ecritures ni personne ne déclare que tout le monde devrait se faire yogi et se retirer dans une grotte. Personne n'a jamais dit qu'il ne fallait pas prendre du bon temps. Simplement, conservez ce savoir. Gardez-le dans votre poche parce que si à un certain moment de votre vie vous découvrez que cela ne marche pas, que cela ne vous comble pas, vous pourrez retomber sur vos pieds et vous rappeler ces paroles. Alors vous ne serez pas désemparé, vous aurez quelque chose vers quoi vous tourner : la vie spirituelle, la béatitude de Dieu.

« Quand la soif lui dessèche la bouche, l'homme prend des rafraîchissements. Lorsqu'il souffre de la faim, il mange du riz délicieusement assaisonné. Enflammé par le désir, il étreint sa partenaire. Le bonheur n'est donc que le remède à ces maux que sont la faim, la soif et le désir sexuel. Et voyez comme l'homme est malade dans sa quête ! »

Ici les appétits des sens sont comparés à une maladie. C'est une manière d'envisager les choses, n'est-ce pas ? Sans repos, nos sens s'agitent et s'enflamment, et nous agissons pour nous débarrasser de cette « inflammation ». Voilà à quoi se passe notre vie.

« Possédant de hautes demeures, des fils ayant l'estime des savants, une richesse incalculable, une épouse bien-aimée, croyant que tout cela est permanent, l'homme sous l'emprise de l'ignorance court s'enfermer dans la prison du monde.

*Mais béni est celui qui, considérant son caractère éphémère,
y renonce. Le creux de notre estomac est si difficile à remplir ;
il nous cause beaucoup d'ennuis. »*

Pourquoi dit-il cela ? C'est que s'il ne nous fallait pas manger
tous les jours, nous aurions beaucoup moins de problèmes. Sans
parler des indigestions, de l'excès de poids etc., nous n'aurions
pas besoin de travailler, si nous menions une vie simple. Nous
mangeons parce que c'est nécessaire pour vivre. Mais si nous
pouvions vivre sous un arbre avec un minimum de vêtements,
cela suffirait. Nous n'aurions besoin de rien d'autre. Comme il
faut manger, nous avons besoin d'argent, et d'une foule de choses.

*« Nous chérissons notre dignité mais il est ingénieux lorsqu'il
s'agit d'en trancher les nœuds vitaux. »*

Qui cela ? Notre estomac. Bien des gens font peu de cas de
leur dignité s'ils ont besoin de satisfaire leur estomac.

*« Comme la pleine lune qui brille sur le lotus, lequel ne
fleurit qu'au soleil, il est la hachette qui abat les buissons
luxuriants de notre pudeur. »*

« La jouissance implique la crainte de la maladie.»

Parce que si vous êtes malade, vous ne pouvez profiter de
rien. Imaginez que vous aimiez mangez mais que vous ayez des
problèmes de digestion ou perdu toutes vos dents, vous ne pouvez
rien savourer. C'est pareil si vous appréciez la beauté mais que vous
y voyez mal ou si vous aimez la musique mais que vous êtes dur
d'oreille. La maladie vous empêche de goûter les objets des sens.

*« La position sociale entraîne la crainte de la chute si votre
bonheur en dépend. La richesse amène la peur des voleurs,
l'honneur celle de l'humiliation, la puissance, la crainte*

des ennemis, la beauté, celle de l'âge et le corps, la peur de la mort.

Tout ce qui est humain est lié à la peur. Le renoncement seul est synonyme d'intrépidité. Des centaines de maux affligeant le corps ou le mental détruisent la santé des humains. La présence de Lakshmi est la porte ouverte à tous les périls. »

Lakshmi est la déesse de la fortune, de la prospérité. Or, nous disent les sages, la prospérité nous crée tant de complications qu'elle nous rend misérables. Si, pour la plupart des gens, la prospérité est source de bonheur et chasse les ennuis, elle est le dernier des soucis d'un être spirituel. Sa richesse est la paix intérieure.

L'histoire de Swami Vidyaranya et de Lakshmi

Vous connaissez peut-être l'histoire de Swami Vidyaranya. Il était premier ministre d'un roi, je crois qu'il s'agissait du fameux roi Krishna Devarai, qui édifia le royaume de Vijayanagar. Comme tout le monde, il désirait fortune et richesse ; il offrait de nombreuses *pujas* à Lakshmi, trois fois par jour, faisait *japa* et il répétait dix mille fois le mantra de la déesse. Nuit et jour, il se rendait au temple de Lakshmi. Il fit aussi de nombreux vœux pour obtenir sa grâce et devenir riche. Il fit cela pendant des années, sans résultat. Il finit par se lasser en se disant : « Pourquoi consacrer tant d'énergie à tout cela ? Ma vie s'enfuit. » Alors il décida de devenir *sannyasi* et d'essayer de réaliser Dieu, d'atteindre l'immortalité, la réalisation du Soi. Il quitta sa maison, enfila des vêtements de sannyasin, couleur *kashaya* (ocre), et c'est alors que cette femme magnifique lui apparut... Lakshmi. « Puis-je faire quelque chose pour vous ? » lui demanda-t-il.

Elle répondit : « Tu m'as offert tes prières pendant toutes ces années. Aujourd'hui je viens enfin te bénir. »

Il dit : « Tu viens alors que je ne veux plus rien de Toi. »

Elle répliqua : « Je dois te donner quelque chose. »

Il répondit : « Bon, donne-moi la richesse de la connaissance et de l'expérience spirituelle. Accorde-moi la richesse de la réalisation. » Elle le bénit et il devint un homme sage, doté de la connaissance des Ecritures et de l'expérience spirituelle suprême. Il reçut le nom de Vidyaranya, « Forêt de savoir. »

Invoquer Lakshmi pour obtenir la richesse nous mène toujours à une impasse, à cause de tous les problèmes que nous avons évoqués ici : la mort, les ennemis, les voleurs et tout ce qui constitue le monde.

« Tout ce qui est né doit mourir. »

Le créateur a-t-il crée quoi que ce soit de stable ? Il n'y a rien de durable en ce monde.

« Les joies des créatures sont éphémères comme l'éclair illuminant les nuages. La vie est aussi fragile qu'une goutte d'eau sur une feuille de lotus. Les désirs de la jeunesse sont changeants. Les sages en prennent rapidement conscience et ils stabilisent leur mental dans le yoga, auquel on parvient aisément grâce à la patience et à l'équanimité. La vieillesse nous guette, tigresse effrayant les hommes. Les maladies affligent le corps comme des ennemis. La vie s'enfuit comme l'eau qui s'écoule d'un récipient fissuré. Et pourtant, étrangement, les hommes continuent de commettre des actions iniques ! »

Om Namah Shivaya

Satsang à M. A. Center, 1994
Cassette 4, face A

Le Détachement - 2

Nous avons étudié Omkara divya porule, les vers dans lesquels Amma enseigne la philosophie du Védanta, non-dualiste : nous sommes le Soi et non le corps, mais malheureusement, endormis dans le monde de rêve de l'illusion cosmique, maya. Le seul moyen de nous éveiller est de nous livrer à des pratiques spirituelles intenses pour nous détacher de ce rêve.

Je voudrais souligner cependant que ce n'est pas la seule voie enseignée par Amma. Elle nous dit qu'une dévotion intense pour Dieu, l'abandon de soi à Dieu, différentes voies dévotionnelles, la voie du service désintéressé sont autant de moyens qui permettent au mental de s'éveiller à sa vraie nature, *l'atman*, le Soi immortel. Mais comme nous étudions *Omkara divya porule*, nous parlons de la philosophie de la non-dualité et de la nécessité de *vairagya*.

Nous sommes endormis au sein de *maya*, la puissance qui nous fait oublier la réalité omniprésente, nous fait croire que le rêve est réel et nous plonge dans les difficultés. Nous oublions non seulement la réalité mais les réalités. Prenons l'exemple du petit garçon d'un an et demi ou deux auquel on donne le choix entre des biscuits et des pièces d'or. Que choisira-t-il ? Les biscuits, tout le monde est d'accord. Pourquoi ? Parce que c'est un plaisir tangible, n'est-ce pas. Et il ignore qu'il pourrait acheter des montagnes de biscuits avec les pièces d'or. Il ne voit que le plaisir immédiat qui s'offre à lui. Il ne pense pas à investir à long terme. C'est ainsi que fonctionne *maya* : nous voyons le plaisir et le bonheur immédiats, nous en profitons et oublions le reste ; le long terme, la Vérité, ne nous intéresse pas.

Nous parlons donc de *vairagya* (le détachement), du moyen de se réveiller de *maya*. *Vairagya* est essentiel, nous dit Amma. Même Shankaracharya, dont vous avez sans doute entendu parler, a déclaré que *vairagya* était une vertu nécessaire et suffisante pour parvenir au Soi, pour transcender le cycle des morts et des renaissances. *Vairagya* signifie l'absence de *raga*. Le mot *raga* ne désigne pas seulement une pièce musicale, le choix d'un ton. C'est aussi l'attirance ou l'attachement que nous éprouvons envers un objet. Notre mental oscille sans cesse entre l'attraction et la répulsion, ou parfois l'indifférence. *Vairagya* est l'absence d'attirance et d'attachement. C'est la vertu qui nous éveille du rêve. Si nous restons assoupis, c'est à cause de notre attachement au rêve de *maya*. Celui-ci crée un certain élan, une certaine énergie qui se perpétue au cours d'innombrables naissances. Et cela devient très compliqué car tant que nous sommes endormis, la loi du *karma* fonctionne. Chacun de nos actes engendre une action et une réaction. Le seul moyen de sortir du cycle est de s'éveiller, c'est-à-dire de retirer notre mental de ce rêve. Alors il s'évanouit. Y parvenir, c'est *bhoda*, l'illumination, la réalisation du Soi ou la libération du cycle des morts et des naissances, *mukti*, *moksha*.

Je vais vous donner un exemple concret de *vairagya*.

L'histoire de Samartaramdas et du royaume de Shivaji

Il y a environ quatre ou cinq cents ans, vivait en Inde un grand *mahatma* appelé Samartaramdas. C'était un *sannyasi*, un grand dévot d'Hanuman, dont il cherchait à égaler les vertus : la dévotion envers Ram, le service et le renoncement.

En fait, il avait failli se marier. Pendant la cérémonie, en Inde le garçon et la fille sont assis l'un en face de l'autre séparés par un rideau. J'ignore si cette coutume est encore observée de nos jours, mais à l'époque l'orthodoxie l'exigeait. Juste avant de tirer le rideau pour les marier, le prêtre dit : « Sois vigilant ! *Jagrata* ! ». Comme il était destiné à devenir *sannyasi*, l'idée lui traversa l'esprit : « Il vaut mieux que je sois vigilant ! Suis-je certain de vouloir me mettre dans une situation aussi complexe ? En ai-je saisi toutes les implications ? Est-ce que tout ira bien ? » Cette simple parole « Sois vigilant » fit naître toutes ces pensées dans son esprit, il sauta de son siège et sortit en courant de la salle des mariages. Personne ne le revit pendant douze ans. Voilà un détachement authentique, mais l'histoire ne s'arrête pas là.

Une voix dit dans la salle :

« Il a dû avoir vraiment peur. »

Le point de départ est peut-être la peur de la souffrance et des difficultés, mais tout le monde n'éprouve pas ce sentiment, tout le monde ne passe pas douze ans dans la forêt. Il était destiné à devenir moine, *sannyasi*. Une seule parole a suffi ; il n'a eu besoin de personne pour lui répéter inlassablement ces vérités. Il n'a lu aucun livre, il n'a pas calculé : « Que va-t-il se passer si je le fais ? Dois-je le faire ou non ? »

Il est parti en courant et s'est livré à d'intenses pratiques spirituelles dans la forêt. On le trouvait plongé dans la rivière jusqu'au cou en hiver dans le nord de l'Inde alors qu'il gelait. Il restait debout nuit et jour, parfois pendant des jours, et faisait son *mantra japa*. Il se mettait en plein soleil, entouré d'un cercle de feu. Il se livra à ces sévères austérités pour se détacher de son existence physique et du monde, pour se fondre dans le Soi.

Il parvint finalement à la perfection grâce à sa *sadhana* et un jour, en traversant une ville, il passa devant le palais du roi Shivaji ; il mendiait, tenant son bol de mendiant, une noix de coco évidée, bien propre. Il frappait à la porte de chaque maison en disant *Biksam dehi ca Parvati*, « Oh, Mère divine, je T'en prie donne-moi l'aumône. »

Il arriva aux grilles du palais et Shivaji sortit en courant. Ramdas tendit son bol. Le *guru* tendit son bol au disciple, puisque celui-ci était un chef de famille. Ramdas dit : « Je t'en prie, donne-moi l'aumône. » Shivaji sortit un papier, écrivit quelque chose et mit le papier dans le bol. « Mais c'est insensé ! Ce papier va-t-il apaiser ma faim ? » Shivaji répondit : « Swamiji, je t'en prie, lis-le. » Il sortit le papier du bol et lut. Shivaji avait fait don de tout son royaume à Ramdas. « Tout t'appartient. Je ne veux plus rien avoir à faire avec le royaume. C'est l'aumône que je donne à mon *guru*. »

Ce n'est pas inconcevable. Cela arrive encore de nos jours. Certaines personnes ont tant d'amour et de dévotion envers leur *guru*, elles sont si lasses du monde et leur foi est si forte qu'elles donnent tout. Non seulement leur temps, leur mental, leur cœur, mais aussi leurs biens, sans calculer. Elles n'ont pas peur, comme quelqu'un qui se jetterait du haut d'un arbre sans savoir ce qui va se passer et, au moment où il va toucher le sol, quelque chose le rattrape et le dépose doucement par terre.

Shivaji a donné le royaume entier à Ramdas. Celui-ci a lu la note et a dit : « Merci beaucoup, mais administre-le pour moi. C'est à moi, mais prends-en soin en mon nom. » Et il est passé à la maison suivante pour chercher sa *bhiksa*, l'aumône. Tous les deux ont fait preuve de *vairagya*, de détachement. Aucun d'eux ne voulait de ce royaume.

Voilà un exemple pratique de *vairagya*, et nous en avons besoin pour stabiliser le mental. C'est le manque de détachement qui agite notre mental, toujours à la poursuite de tel ou tel objet. Si un désir est satisfait, le mental cesse de courir pendant une ou deux secondes. Puis un nouveau désir se lève. Et la course recommence. Elle ne cesse jamais plus d'une ou deux secondes, excepté dans le sommeil ou quand nous sommes en *samadhi*. La plupart d'entre nous n'ont pas l'expérience du *samadhi*, c'est donc essentiellement pendant le sommeil.

Nous finissons par en avoir assez de cette constante agitation. A ce stade, pourrait-on dire, nous sommes sur le chemin du retour vers notre Soi réel, vers Dieu. Mais nous devons parvenir au stade où nous pensons : « J'en ai assez de cette interminable agitation. Malgré tout ce que je possède, malgré tout ce que j'ai fait, je n'ai pas trouvé la paix, sinon par instants, par intermittences. »

Un saint a écrit un très beau texte qui dépeint comment la nature nous fait revenir à Dieu, sans que nous puissions nous en empêcher. Toutes les âmes atteignent un jour ou l'autre le stade du vrai détachement. Voici le texte, c'est très beau :

> *« Les eaux de la mer s'évaporent, deviennent nuages, tombent en pluie, forment les fleuves et retournent à la mer. Rien ne peut les empêcher de revenir à leur source. De même, l'âme se sépare de Toi mais rien ne peut l'empêcher de revenir s'unir à Toi, bien qu'elle traverse en chemin de nombreux tourbillons. L'oiseau qui prend son vol et s'élève dans le ciel n'a pas d'endroit où se poser, il lui faut bien revenir sur terre. Ainsi, nous devons tous retourner sur nos pas, et quand l'âme retrouve sa source, elle se fond en Toi, Océan de Béatitude. »*

C'est ce qui nous arrive ; comme l'eau issue de la mer, nous tombons sur terre, devenons une rivière qui décrit bien des méandres et finissons par rejoindre la mer... ou bien comme un oiseau qui s'envole : il doit redescendre, il ne peut pas vivre dans les airs, car il s'épuiserait.

Quel est le but, quelle est la source ? C'est l'océan de béatitude. Nous le cherchons sans arrêt, mais nous passons toujours à côté.

L'œuvre de Bhartrihari

Nous en étions au *Vairagya satakam*, qui est probablement l'un des plus grands textes écrits par les saints sur la science du détachement. Je veux le reprendre aujourd'hui et aller jusqu'au bout, car chaque vers nous éveille, nous secoue, touche quelque chose en nous.

La nature du monde est transitoire, et *maya* nous le fait sans cesse oublier. C'est l'un des enseignements essentiels au sujet du détachement : la mort est inévitable. Une des manières de parvenir au détachement est de méditer là-dessus. Il ne s'agit pas de devenir morbide en songeant sans cesse à la mort mais d'être réaliste et d'accepter le fait que le corps peut périr à tout instant.

Parikshit et la peur de la mort

Le roi Parikshit, sachant qu'il ne lui restait qu'une semaine à vivre, a tout abandonné, s'est assis pour méditer et a réalisé Dieu en une semaine. Amma affirme que si notre effort est aussi intense, un moment suffit. Mais bien que très détaché et désireux de réaliser Dieu, il avait très peur de la mort. D'une certaine manière, c'est très bien, parce que la peur nous pousse à faire une *sadhana* intense.

Alors qu'a-t-il fait ? On lui avait dit qu'il mourrait d'une morsure de serpent dans sept jours ; il fit donc construire un pilier d'une trentaine de mètres avec une pièce en haut. Il n'y avait aucun moyen d'accéder à la pièce excepté une corde, par laquelle il grimpa. Et il resta dans la pièce à méditer. Pour se nourrir il faisait descendre un panier, qu'il remontait ensuite chargé de fruits et de victuailles. Il avait campé toute son armée autour du pilier, avec pour mission d'éliminer tout serpent qui se présenterait.

Que se passa-t-il ? Le serpent qui était destiné à le tuer n'était pas un serpent ordinaire. C'était un serpent très malin. Il prit la forme d'un petit vers, même pas un vers de terre, un vers minuscule. Et il entra dans un des fruits qu'on devait lui servir au matin du septième jour. Quand Parikshit prit le fruit pour le porter à sa bouche, le vers sortit sa petite tête, lui sourit, se transforma en serpent et le mordit. Et Parikshit en mourut. Quand votre heure est venue, c'est inévitable, quoi que vous fassiez, où que vous soyez, dans le ciel ou sous la terre, dans votre chambre ou sur l'autoroute. Tout le monde doit partir un jour.

Nous allons lire une partie de l'œuvre de Bhartrihari. Chaque vers est un joyau. N'allez pas écouter comme s'il s'agissait de poésie ou de philosophie. Essayez de les graver dans votre cœur car c'est pour cela qu'ils ont été écrits : pour nous réveiller, ne serait-ce qu'un moment, et nous donner un aperçu de la nature de *maya*. Car nous sommes endormis, d'un sommeil incroyablement profond.

> « *La vieillesse nous guette, tigresse effrayant les hommes. Les maladies affligent le corps comme des ennemis. La vie s'enfuit comme l'eau qui s'écoule d'un récipient fissuré. Et pourtant, étrangement, les hommes continuent à commettre des actions iniques !* »

Cela ne signifie pas qu'il n'y a rien de bon dans la vie ou que nous ne devons pas l'aimer mais qu'il nous faut en voir tous les aspects. La spiritualité implique la compréhension de la totalité ; il ne s'agit pas d'être amoureux et d'ignorer la véritable nature des choses. Voir que le plaisir et la douleur sont les deux faces de la même pièce, telle est la véritable sagesse. Surtout pour nous, qui d'habitude ne voyons que l'agréable, que le bon côté, et qui devons apprendre à regarder le monde avec plus de justesse.

> « *Les plaisirs du monde sont variés et transitoires. Pourquoi donc t'épuiser dans une quête inutile, ô homme ? Cesse de t'épuiser à les rechercher, aie foi en notre parole, aie foi en*

son fondement suprême, la Réalité ; concentre ton mental, purifié en réprimant l'espoir, ce filet aux mailles innombrables, et libère-toi du désir. »

Le désir nous fait courir après tous ces objets transitoires et même quand nous n'obtenons pas ce que nous voulons, l'espoir nous stimule. Bhartrihari nous demande d'ajouter foi à ses paroles, issues de l'expérience directe de la réalité. Abandonnez l'espoir de satisfaire vos désirs, pour que votre mental devienne calme.

« Il n'existe qu'un seul et unique bonheur durable, immuable et suprême, auprès duquel les plus vastes richesses, comme la souveraineté des trois mondes, paraissent fades ; même Brahma, Indra et les autres dieux semblent des brins d'herbe une fois que l'on est établi en Cela. Renonçant à tous les plaisirs éphémères, n'ayez pas d'autre but que Cela. »

La vie spirituelle ne signifie donc pas que nous renonçons au bonheur, mais que nous voulons une promotion. Les plaisirs du monde ne nous satisfont pas. Celui qui a une petite Renault ordinaire veut une belle Mercedes, puis une Rolls Royce etc. C'est la nature du mental : celui qui a une petite maison en veut une plus grande, puis voyant celle du voisin qui est plus vaste, se dit que la sienne est encore trop petite. Jusqu'où peut-on aller ? Le désir est sans fin, nous ne sommes jamais contents. C'est impossible. Il n'existe qu'un seul bonheur qui nous satisfasse éternellement et qui fasse ressembler les dieux les plus élevés de l'univers à de simples brins d'herbes.

C'est aussi ce que dit Amma. Dans un chant, Elle décrit Son expérience ainsi :

« Je vis toute chose comme mon propre Soi, et l'univers entier comme une bulle minuscule à l'intérieur de Ma propre immensité. »

Celui qui s'éveille voit l'univers entier comme une bulle minuscule à l'intérieur de sa propre immensité éternelle. C'est la béatitude suprême, c'est le but de la vie spirituelle. Il nous incite donc à ne pas rechercher autre chose, à ne pas gaspiller notre énergie et notre temps, à ne pas nous laisser entraîner dans les complications de *maya*.

> « *Les habitants de la maison étaient nombreux, mais il n'en reste plus qu'un. Et à la fin, il ne reste plus personne.* »

Vous avez compris ? Au départ la maison est pleine, puis il ne reste plus qu'un habitant, et à la fin plus personne.

> « *C'est le processus dans lequel Père Temps joue sur l'échiquier de ce monde, les êtres vivants sont les pièces qu'il bouge et il lance les deux dés du jour et de la nuit. La durée de la vie diminue chaque jour au lever et au coucher du soleil et nous ne sentons pas le temps passer, écrasés par le fardeau de nos affaires, occupés à de nombreuses activités. Nous ne prenons pas peur en contemplant la naissance, la mort, la vieillesse et la souffrance. Hélas, ivre du vin de maya, le monde est devenu fou.* »

La vie s'enfuit, jour et nuit. Elle devient de plus en plus courte. Nous sommes si affairés que nous ne le remarquons même pas. Nous sommes ivres du vin de *maya*. Même si nous ne sommes pas en proie à la douleur, Amma nous dit de nous rendre là où les gens souffrent afin de comprendre la nature de la roue du temps, le caractère implacable de la loi du *karma*. Quand nous voyons des gens dont la souffrance est grande, Elle nous dit de penser que cela pourrait bien nous arriver aussi.

> « *Voyant que la même nuit succède invariable- ment au même jour, les créatures poursuivent vainement leur chemin*

dans le monde, elles persévèrent, occupées à différentes activités et déterminent secrètement leur destin par leur résolution mentale. Hélas, infatués de nous-mêmes, nous n'avons pas honte de nous laisser ainsi berner par le cycle des naissances et des morts, passant notre temps à recommencer sans cesse les mêmes tâches. »

Notre vie est celle d'une vache qui rumine, nous répétons les mêmes actions, refaisons sans cesse les mêmes expériences, sans essayer d'aller au-delà de notre vie ordinaire, limitée à la matière. C'est l'œuvre de *maya*.

« Ceux qui nous ont donné naissance sont aujourd'hui dans l'intimité de l'éternité. »

C'est à dire qu'ils sont morts depuis longtemps.

« Ceux avec qui nous avons été élevés sont devenus eux aussi objets de mémoire. Nous avons vieilli, chaque jour nous rapproche de la chute, comme des arbres poussés sur la rive sableuse d'une rivière. »

Que se passe-t-il si un arbre pousse sur une rive sableuse ?
(La voix d'un enfant) « Il meurt. »
« Et que devient-il ensuite ? »
« Il se mélange au sable. »
« Il tombe, n'est-ce pas ? »
« Et il se décompose, je pense. »
« Oui, il se décompose. Nous sommes des arbres plantés sur la rive sableuse du temps. Cette rivière-là n'a pas de berge stable. Elle creuse le sable sous nos racines, jusqu'à ce que nous tombions.

« Nous allons de l'enfance à l'âge des amours, connaissant tour à tour la misère et l'abondance, puis, comme un acteur dont le rôle est terminé, malade, souffreteux et couvert de

rides, nous quittons la scène, passant derrière le rideau qui voile la demeure de la mort. »

Le monde est un théâtre. Nous sommes jeunes, adultes, puis âgés et le temps vient de quitter la scène du monde. Rappelez-vous votre enfance, elle s'est envolée trop vite. Puis sont venues les responsabilités de l'âge adulte et pour certains d'entre nous, la vieillesse est là. L'étape suivante est la mort. Et ensuite ?

« La renaissance. »

C'est exact.

« Ô mental, tu es agité, parfois tu descends aux enfers, parfois tu t'élèves jusqu'aux cieux, tu erres dans les quatre directions. Pourquoi ne te concentres-tu pas une seule fois, même par inadvertance, sur la Réalité suprême, ton propre Soi, pur de toute imperfection, source de la Béatitude suprême ! »

Notre mental vagabonde partout, excepté là où il devrait aller, vers notre propre Soi, semblable à la rivière qui jaillit de la montagne : elle coule mais ne retourne jamais à sa source. Après avoir appris tant de choses, accumulé tant de connaissances et d'expériences, vient le moment où nous désirons retourner à notre source. Nous savons que rien ne peut nous donner le bonheur excepté le repos dans le Soi. C'est ce qui se produit quand nous dormons. Savoir, possessions, expériences, à la fin de la journée, nous n'en voulons plus. Nous ne désirons plus que dormir. Que se passe-t-il quand nous dormons ?

(*Voix d'enfant*) « Nous nous reposons. »

Et nous oublions tout, car au bout d'un moment, ces activités multiples nous épuisent. Par contre nous n'avons jamais le sentiment que nous ne voulons plus dormir. Nous sommes obligés de nous lever pour accomplir certaines tâches, mais le sommeil nous procure un grand bonheur. C'est un aperçu du Soi. La seule différence est que c'est sombre au lieu d'être lumineux, mais nous y trouvons aussi la béatitude, le repos et la paix.

Au début de la vie spirituelle, le mental pense donc à tout, sauf à Dieu. Il en est ainsi dans la vie ordinaire, mais cela empire quand nous essayons de méditer. Pourtant, si vous persévérez, Amma dit que cela revient à verser de l'eau pure dans un récipient rempli d'eau salée. Si on ajoute assez d'eau fraîche, à la fin l'eau salée est complètement éliminée. L'eau est pure. Si vous continuez à insuffler la pensée de Dieu ou bien votre mantra dans le mental dispersé, à le concentrer sur une seule pensée, cette pensée unique remplace la multitude des pensées. Vous parvenez à un point où vous ne pouvez plus songer à rien, sinon à Dieu, où le mental ne va plus nulle part.

Cela exige énormément de pratique, mais ce n'est pas impossible ; ceux qui ont atteint la réalisation, les saints, les sages, l'ont fait. Pour la plupart, ils ne sont pas nés *Mahatmas*, ils n'étaient pas dotés de concentration au départ.Il leur a fallu travailler dur. Le mental est malléable. Il est possible de le concentrer en un point unique et d'obtenir l'expérience de *Brahman*, de la Réalité. C'est un outil remarquable, que l'on peut employer à des fins bonnes ou mauvaises et même dans le but suprême : l'union avec Dieu. Mais il faut l'entraîner. C'est là le but de la spiritualité : entraîner le mental.

Amma nous donne l'exemple de la récolte des noix de coco. Ceux d'entre vous qui sont allés au Kérala savent qu'il y a des millions de cocotiers partout, des forêts entières. Comment les récolte-t-on ?

(*Voix d'enfant*) « Il faut grimper à l'arbre. »

Oui, il faut grimper aux arbres. Pas moyen de faire autrement. Ceux qui naissent dans une famille de cueilleurs de noix de coco sont destinés à ce métier. Un jour le père décide qu'il est temps pour l'enfant d'apprendre. Il essaye de grimper à l'arbre, mais une fois qu'il est monté de trente centimètres, il redescend et s'écrase sur le sol. Il essaye de nouveau et glisse. Après une nouvelle tentative, il se décourage. « Jamais je ne pourrai grimper en haut de cet arbre ! Je ne monte même pas de trente centimètres ! C'est impossible ; je ferai un autre métier. »

Alors le père dit : « Non, non, tu dois apprendre à grimper au cocotier, il n'y a pas d'autre choix pour nous, nous faisons ce métier depuis des milliers d'années. »

Alors que fait-il ? Il essaye inlassablement. La fois suivante il monte de quarante centimètres avant de redescendre en glissant. Mais sachant qu'il n'a pas le choix, il recommence. Il progresse et monte chaque jour plus haut avant d'atteindre finalement le sommet du cocotier. Et il cueille les noix de coco et les lance par terre. Il monte et descend avec aisance. Il lui a fallu beaucoup d'entraînement, beaucoup de persévérance. Amma nous incite à l'imiter en grimpant à l'arbre du mental pour arriver au sommet, là où se trouve le lotus aux mille pétales au sein duquel Dieu resplendit. Une fois que nous sommes devenus experts dans l'art de grimper, tout va bien. Tant que nous n'en sommes pas là, il nous faut essayer inlassablement, en sachant qu'il n'y a pas d'autre issue pour nous. C'est comme un voyage, un voyage intérieur.

> « *Avec l'âge, le corps se ride, notre démarche vacille, nous perdons nos dents, nous devenons aveugles, sourds, nous bavons, personne dans la famille ne fait plus cas de notre avis, notre femme se soucie peu de nous, même nos fils se tournent contre nous. Oh la misère d'un homme usé par l'âge !* »

Ce ne sont pas des paroles agréables à entendre, mais c'est la vérité. Ce sont les réalités de la vie. Non la Réalité mais la réalité.

> « *Tant que le corps est encore solide et en bonne santé, tant que la vieillesse est encore loin et que les sens fonctionnent sans accroc, que la vie ne se décompose pas encore, il est sage*

de faire de grands efforts pour atteindre le bien suprême, car
à quoi sert-il de creuser un puits quand la maison brûle ? »

Compris ? Si la maison est en feu, qu'est-ce qu'on fait ?
(*Voix d'enfant*) « On appelle les pompiers. »
« Et si on n'a pas le téléphone ? »
« On court à la caserne de pompiers. »
« Et si tu habites un petit village où il n'y a pas de pompiers,
tu cours à la maison voisine. »
« Pour demander à téléphoner. »
« Mais non, si la maison brûle, tu cherches de l'eau. Tu ouvres
le robinet s'il y en a un. Mais sans réserve d'eau, que faire ? »
« Courir à la rivière. »
« Et s'il n'y a pas de rivière ? Pas de robinet ? Alors il faut un
puits. Sans puits, que faire ? »
« Partir en courant. »

C'est ce que diraient les pompiers ! Non, le texte dit qu'il
n'est plus temps de creuser un puits quand la maison brûle.
Ainsi, il est vain de se livrer à des pratiques spirituelles intenses
ou d'essayer de contrôler le mental qui vagabonde quand le
corps tombe en ruines. Parce qu'alors le mental est sans cesse
préoccupé par le processus de décrépitude. Il s'inquiète de
telle ou telle chose. Comment pourrait-il se concentrer ou
s'appliquer à quoi que ce soit ? Donc, avant d'atteindre ce stade,
employez toute votre énergie à réaliser le Soi.

« *Quand les honneurs et la fortune se sont évanouis, que*
les courtisans, déçus, se sont retirés, quand les amis se sont
éclipsés et que les serviteurs sont partis, quand la jeunesse
s'est enfuie peu à peu, il ne reste au sage qu'une voie pos-
sible : vivre quelque part dans une grotte, dans les vallées
de l'Himalaya, où les rochers sont purifiés par les eaux du
Gange. »

Après avoir dévoilé la nature du monde, Bhartrihari nous montre la solution et tente de nous inspirer des pensées sublimes. Maintenant que faire ? Nous affliger ? Déprimer ? Non. « Quelle est la solution, quelle est l'issue qui permet de sortir de cette situation ? » c'est à cela que nous devrions réfléchir. Et voici sa réponse : quand ces événements se produisent et que nous avons compris la nature du monde, nous devrions songer à vivre dans un ashram ou dans une hutte dans l'Himalaya, sur les bords du Gange, pour y faire nos pratiques spirituelles. *Vairagya sadakam* est à mon avis un chef d'œuvre de sagesse spirituelle, bien que ce ne soit pas un des livres les plus connus.

Om Namah Shivaya.

Satsang à M. A. Center,
Cassette 4, face B

Le détachement - 3

Ces deux dernières semaines, nous avons parlé du sommeil qui nous enveloppe, bien que nous n'en ayons pas conscience, le sommeil profond de maya. Le propos d'une œuvre telle que Vairagya sagaram est de nous réveiller, de nous secouer pour nous donner un aperçu de la vérité. A partir de là nous pouvons commencer une sadhana et une vie spirituelle.

L'histoire du mariage de Narada Maharishi

Une histoire très intéressante illustre la manière dont *maya* nous fait tout oublier, sans même que nous ayons conscience de son influence, comment les actes s'enchaînent et nous font tomber toujours plus profondément dans l'abîme de *maya*, jusqu'à ce qu'un jour, enfin, nous appelions Dieu en pleurant et finissions par nous réveiller.

Vous avez tous entendu parlé de Narada Maharshi. Narada est l'un des sages célestes. Il ne s'agit pas d'un être terrestre. Il vit dans les plans subtils de l'existence. Une fois que nous avons quitté le corps physique, ce que nous ferons tous, notre existence n'est pas terminée, nous vivons seulement sur des plans plus subtils. Il existe ainsi de nombreux mondes, *lokas* en sanscrit. C'est là que vit Narada mais il peut aussi se manifester sur terre, c'est arrivé bien souvent ; il est considéré comme un très grand sage.

Il se trouvait donc un jour dans l'Himalaya où il faisait une *sadhana*, et se livrait à des austérités. Tandis qu'il méditait, profondément absorbé dans sa contemplation- mais pas totalement- les dieux et surtout Indra, leur roi, s'inquiétèrent ; en effet les dieux ne sont en général pas des êtres éveillés. Ils ont fait beaucoup de bonnes actions ; ils sont allés à l'école et ont eu de bonnes notes, c'est-à-dire qu'ils ont pratiqué la charité, peut-être ont-ils fait de nombreux sacrifices védiques, des *pujas*, différentes sortes de *sadhana*, mais pas nécessairement celle qui nous intéresse et dont le but est la réalisation du Soi, *atma sakshatkara*, mais plutôt à des fins matérielles. C'est ainsi que les gens, autrefois, obtenaient des faveurs exceptionnelles, des souhaits impossibles à réaliser autrement, pensaient-ils. Ils se tournaient vers les austérités, *tapas*, la prière et la pénitence, ils faisaient des vœux etc. Les dieux sont donc parvenus à ce niveau d'existence grâce à leurs *tapas*, mais ce ne sont pas des êtres éveillés. Ils sont plus puissants que les humains, mais ce ne sont pas des saints, encore moins des sages.

Indra a un trait de caractère particulier : bien qu'il soit le roi des dieux, il a toujours peur que quelqu'un veuille prendre sa place. Voyant Narada pratiquer le *japa*, *tapas* et la méditation, il se dit : « Narada veut ma place. Il veut devenir roi des dieux. » En réalité cela n'intéressait absolument pas Narada, car il était intérieurement rempli de Dieu Lui-même. Mais Indra l'avait perçu autrement. Il met en général des bâtons dans les roues des *tapasvis* et il emploie souvent le même moyen : il fait descendre du ciel les danseuses célestes, les *apsaras*. Mais il a aussi d'autres méthodes.

Par exemple, il a un jour ruiné les austérités d'un yogi en faisant descendre sur terre quelqu'un avec un panier de *papadams*. Tout le monde sait ce que c'est ? C'est frit, fin et friable comme des chips. Le yogi qui se livrait à ces austérités avait fait le vœu de maîtriser sa langue, le goût (pas la parole, car il n'avait personne à qui parler). Il ne mangeait que des feuilles sèches tombées des arbres. Indra songea à un moyen de détruire l'effet de ses austérités. Il envoya quelqu'un émietter des *papadams* et les mélanger aux feuilles, à l'endroit précis où le yogi avait l'habitude de venir prendre sa nourriture.

Sa méditation terminée, le yogi alla ramasser quelques feuilles ; elles avaient un goût inhabituel et nouveau. Les feuilles n'ont pas très bon goût, elles sont amères, mais celles-là étaient exceptionnellement savoureuses. A force d'en manger, il se mit à grossir, puis à s'endormir pendant la méditation, tant il devenait corpulent. Il ne pensait plus qu'à son prochain repas de délicieuses feuilles. C'est ainsi qu'Indra ruina l'effet de ses austérités.

Ce n'est qu'une histoire, mais qui nous arrive à tous. Quand nous essayons de progresser dans la vie spirituelle, je ne sais pas si c'est Indra ou qui ou quoi, mais des obstacles variés surgissent l'un après l'autre pour nous distraire.

Narada se livrait donc à des austérités. Indra décida d'envoyer quelques *apsaras*, danseuses célestes, pour distraire son mental de sa profonde concentration. Elles chantèrent et dansèrent au son des *tablas*, de l'harmonium, des *mrindangam* etc, mais Narada n'ouvrit pas les yeux ; elles firent de leur mieux, mais rien ne se produisit et elles finirent par se décourager. Elles remontèrent au ciel et dirent à Indra : « Nous avons échoué. »

Au bout d'un moment, Narada ouvrit les yeux, car il n'était pas en *samadhi*, mais seulement en méditation. « Je dois réellement avoir ateint la perfection, songea-t-il, car les *apsaras* sont restées sans pouvoir sur moi. Il en éprouva un peu de fierté et se rendit au Mont Kailash. Comme il voulait que quelqu'un soit au courant de sa grandeur, il est donc allé voir le dieu Shiva. « Shivaji, as-tu entendu ? J'étais plongé dans les austérités, *tapas*, Indra a envoyé les *apsaras* et cela ne m'a pas touché, pas dérangé. Je n'ai même pas ouvert les yeux, alors que je savais qu'elles étaient là. »

« Oh, c'est magnifique ! répondit Shiva. Tu es vraiment un grand *Mahatma* ! Tu es parfait ! Ecoute, ce n'est pas grave si tu me le dis, mais ne va surtout pas le raconter à Vishnou. » *(Vishnou est le dieu et le guru de Narada.)* Mais naturellement, quand quelqu'un nous dit : « Ne fais pas cela ! » notre première pensée est d'aller faire exactement ce qu'on nous a déconseillé. Amma raconte parfois l'histoire du docteur qui prescrit un remède au malade et lui recommande de ne pas penser à un singe quand il prend son médicament, sinon il ne fera pas effet. Or le patient une fois rentré chez lui, pense à un singe à chaque fois qu'il va prendre son médicament. Il n'a pas pu suivre son traitement. Interdire quelque chose à quelqu'un c'est le plus sûr moyen de le lui faire faire.

Narada n'eut rien de plus pressé que d'aller trouver Vishnou pour lui annoncer : « Connais-tu la nouvelle ? J'ai atteint la perfection. Les *apsaras* n'ont plus la capacité de m'émouvoir. »

Vishnou répondit : « Oh ! C'est magnifique ! Je suis très heureux de l'apprendre. Je savais que tu étais un grand sage ; maintenant tu es devenu un être parfait ! Viens ! Allons nous promener. »

Ils partirent en promenade et Vishnou entraîna Narada dans un désert. Ils marchaient sous une chaleur accablante et Vishnou a dit : « Narada, j'ai très soif ! Pourrais-tu aller me chercher un verre d'eau quelque part ? »

Narada a répondu : « Bien sûr, Seigneur, je vais aller chercher de l'eau. » Et il partit en laissant Vishnou. Après avoir marché pendant environ un kilomètre, il parvint à un village et s'y arrêta. Il y trouva un puits et, près du puits, il rencontra une belle jeune fille. Comme elle tirait l'eau du puits, il lui dit : « Je voudrais apporter un verre d'eau à quelqu'un. »

« Pas de problème, dit-elle. Viens à la maison, j'y prendrai le verre et te donnerai l'eau. » Ils allèrent chez elle et plus Narada regardait cette jeune fille, plus il lui parlait, plus elle lui plaisait. Il décida finalement de l'épouser. *Maya* avait commencé son œuvre. Elle avait même commencé avant, par l'orgueil d'avoir vaincu son attirance pour les femmes. Arrivé à la maison, il demanda la fille en mariage à son père, qui accepta. Ils se marièrent et Narada se plongea dans le monde des affaires. Il ouvrit un commerce au village et eut trois ou quatre enfants.

Mais un jour, survint une terrible tempête et la rivière proche du village se mit à déborder. L'eau montait, envahissant tout. La maison de Narada, elle aussi, était inondée. Toute la famille monta sur le toit mais l'eau continuait à monter, tout le monde était inquiet. La rivière emporta les enfants un par un, puis la femme, et Narada demeura seul, misérable. Finalement, les eaux l'emportèrent lui aussi et il cria de toutes ses forces : « Vishnou, Narayana, sauve-moi ! » Jusqu'alors, il ne s'était pas un seul instant souvenu de Vishnou. Dès qu'il eut appelé ainsi, l'eau se retira, le village disparut et il se retrouva à côté de Vishnou. Celui-ci le regarda et dit : « Narada, où est mon verre d'eau ? » Huit années s'étaient écoulées dans cette *maya* si compliquée. C'est tout le jeu de *maya*. Au départ nous sommes en Dieu. Nous nous retrouvons plongés dans *maya*, nous sommes captivés par elle jusqu'au moment où nous appelons Dieu. Un événement se produit dans ce rêve de *maya*. Nous trouvons une porte de sortie ou bien quelque chose tourne mal et nous ne voulons plus continuer ce rêve : nous appelons Dieu. C'est le début de la fin du rêve. Alors nous retournons à notre source, Dieu.

C'est d'ordinaire grâce au contact d'un *Mahatma* que ce changement est possible et qu'il se produit. Sinon, de notre propre initiative, nous ne changeons pas. Il nous faut la bénédiction ou la présence d'un être saint comme Amma ou bien celle d'un sage que nous ne voyons pas et qui a quitté son corps. Il arrive parfois que la lecture d'un livre saint ait cet effet, un livre que nous avions peut-être déjà lu de nombreuses fois mais qui, cette fois, prend pour nous une importance particulière, transformant notre vie et faisant de nous des chercheurs spirituels sérieux.

L'histoire de Ganesh, du marchand et du mendiant

Cela me rappelle une autre histoire. Je la crois véridique, bien que je ne puisse pas en témoigner directement ; on me l'a simplement raconté. Des touristes visitaient l'Inde, allant d'un lieu touristique à l'autre. A la lisière d'une des villes de leur parcours se trouvait une forêt. Ils allèrent s'y promener, pensant y découvrir quelque bel endroit, peut-être un temple. S'enfonçant profondément dans la forêt, ils rencontrèrent un *sannyasi* assis sous un arbre. « Swamiji, nous sommes des touristes. Connaissez-vous aux environs un endroit que nous pourrions visiter ? »

Il répondit : « Si vous marchez encore quelques kilomètres, vous arriverez à un village où se trouve un merveilleux temple dédié à Ganesh. Et ce Ganesh n'est pas une simple image de pierre. C'est un être vivant. »

Ils s'exclamèrent : « Swamiji, cela n'a pas de sens ! Comment pouvez-vous affirmer une chose pareille ! »

Il répondit : « Non, non, je sais ce que je dis. Je vais vous raconter une histoire qui s'est déroulée dans ce temple. Dans ce village, il y avait deux personnes pleines de dévotion envers Ganesh. L'un était un riche marchand et l'autre un mendiant aveugle. L'aveugle restait assis toute la journée devant le temple, un petit morceau de tissu étalé devant lui, espérant que les dévots lui feraient l'aumône de quelques pièces. Le riche marchand s'y rendait chaque matin et priait : « Oh, Ganesh, je T'en prie, fais que je gagne aujourd'hui cent mille roupies dans mon commerce. »

Et il revenait le soir. Comme ses affaires en général marchaient bien, il remerciait Ganesh.

Un jour, le mendiant n'a rien eu à manger. Il n'avait pas reçu le moindre argent, rien ! Et il avait aussi une famille qui souffrait de la faim. Il est allé au temple trouver Ganesh. En larmes il implora : « Ganesh, comment peux-tu laisser ton enfant souffrir ainsi de la famine ? Hier, ma famille et moi nous n'avons rien eu à manger, pas la plus petite aumône. Pourquoi es-tu si indifférent à notre sort ? Pourquoi es-tu aussi cruel ? »

Il quitta le temple en pleurant. Au même moment, le marchand y entrait et il entendit deux voix qui conversaient, une voix d'homme et une voix de femme. La femme dit : « Fils, pourquoi es-tu si indifférent envers ton dévot ? Ne peux-tu lui accorder un peu de ta grâce ? Cela fait des années qu'il vient ici. » La voix masculine répondit : « Tu as raison, Mère. Demain après-midi il sera millionnaire. » C'étaient bien sûr les voix de Parvati Devi et de Ganesh.

Le mendiant n'entendit pas la conversation, mais le marchand, lui, comprit aussitôt ce qui se passait. Il était très intelligent, mais malheureusement aussi très malhonnête. Il se prosterna donc devant Ganesh, sortit du temple et alla trouver le pauvre aveugle en lui disant : « *Acchan* (père), je vais te donner cent roupies à condition que tu me remettes tout ce que tu recevras demain en aumône. » Le mendiant, sachant qu'il n'obtiendrait que quelques *paisas*, quelques centimes, répondit : « C'est une bonne affaire. Tu peux avoir toutes mes aumônes de demain. Je prends les cent roupies. » Tout heureux, il alla acheter à manger pour sa famille.

Le marchand ne dormit pas de la nuit, tant il était excité à l'idée qu'il aurait le lendemain un million de roupies. Le jour suivant, il arriva au temple vers onze heures et il guetta. Rien, il n'y avait pas la moindre pièce dans le bol de l'aveugle. Il attendit jusqu'à midi, puis une heure, sans que rien ne se passe. A deux heures, le bol à aumônes était toujours vide et il était vraiment frustré. Il alla dans le temple et se mit à crier : « Quel Dieu es-tu donc ? J'ai perdu mes cent roupies parce que j'ai eu foi en toi ! » Et il insultait Ganesh tant qu'il pouvait.

Soudain, il sentit quelque chose qui l'attrapait par le cou ; il regarda et vit qu'il s'agissait de la trompe d'un éléphant. La trompe l'enserrait et le tirait vers le mur. Puis une voix dit : « Espèce de malhonnête ! Appelle ton comptable à l'instant, fais-le venir ici. » Le marchand appela de toutes ses forces et son comptable finit par l'entendre. Il arriva en courant. Et la voix dit : « Maintenant ordonne-lui de donner un million de roupies à ce pauvre mendiant. »

Il fit ce que la voix lui commandait et donna un million de roupies au mendiant. Mais au contact de Ganesh, cet homme avait été transformé. Le soir même il rentra chez lui, donna la moitié de sa fortune à sa famille et distribua l'autre à tous les pauvres qu'il connaissait. Puis il alla s'asseoir sous un arbre et se consacra à des pratiques spirituelles. Et il trouva la paix. Abandonnant tout à Dieu, il réussit à trouver la paix intérieure.

Les touristes répondirent : « Swamiji, c'est une très belle histoire, mais comment pourrions-nous croire qu'elle est vraie, qu'un Ganesh de pierre peut soudain prendre vie, attraper quelqu'un par le cou, parler etc. As-tu rencontré ce marchand ? Peux-tu nous donner aucune preuve ? Connais-tu un témoin ? »

Alors le swami, le visage rayonnant de sérénité (il avait atteint la paix intérieure), répondit : « Ce marchand, c'était moi. »

L'œuvre de Bhartrihari (suite)

C'est l'exemple de quelqu'un que le contact de Dieu a transformé, pourrait-on dire. De nombreuses personnes ont changé après leur rencontre avec Amma et ont ensuite mené une vie spirituelle.

Une fois que le tournant est pris, nous décidons de rechercher ce qui est éternel et nous considérons le monde comme transitoire. Nous voyons bien que rien ne dure très longtemps. Les soixante-dix premiers vers de cette œuvre décrivent la manière dont tout ce que nous chérissons en ce monde, notre corps, notre fortune, notre famille, passe inéluctablement. Ils décrivent aussi comment l'affection soi-disant profonde que les gens se manifestent mutuellement peut s'évanouir en un instant. Que faire ensuite ? C'est là que nous en sommes restés de *Vairagya sadakam*. Après avoir dévoilé la nature de *maya*, Bhartrihari continue :

« *Quand les honneurs et la fortune se sont évanouis, que les courtisans, déçus, se sont retirés, quand les amis se sont éclipsés et que les serviteurs sont partis, quand la jeunesse s'est enfuie peu à peu, il ne reste au sage qu'une voie possible : vivre quelque part dans une grotte, dans les vallées de l'Himalaya, où les rochers sont purifiés par les eaux du Gange.* »

Une fois que les illusions du monde nous ont quitté, quand nous voyons qu'il n'y a rien en ce monde qui vaille la peine de s'y attacher, quelle est l'étape suivante ? Aller sur les rives du Gange dans l'Himalaya et faire une *sadhana* pour réaliser Dieu. C'est ce qu'a fait Bhartrihari.

« *Délicieux sont les clairs de lune, délicieuses les prairies verdoyantes à l'orée des forêts, la compagnie des hommes avisés, les contes et les poésies tout cela est merveilleux, délicieux le visage de la bien-aimée baignant dans les larmes d'une colère passionnée. Mais le charme s'évanouit quand le mental a pris conscience de la nature évanescente des objets du monde.* »

Tout cela est d'une grande beauté, l'herbe verte des collines, la poésie, la société de gens aimables et bons, les rayons de la lune, le visage de la bien-aimée, mais une fois que le mental est réveillé et rempli de *vairagya*, nous voyons que tout est éphémère et s'enfuit à chaque instant, alors rien de tout cela ne fait plus notre bonheur.

> « *Les désirs de notre cœur sont émoussés. Hélas, la jeunesse s'est enfuie de notre corps. Les vertus sont stériles, car il n'y a personne pour les apprécier et les admirer. La mort puissante et sans merci arrive à grands pas, détruisant tout sur son passage. Que faire ? Hélas ! Je vois qu'il n'y a pas d'autre refuge que les pieds du destructeur de Cupidon.* »

Qui est le destructeur de Cupidon ? Shiva. On raconte que Shiva en ouvrant Son troisième œil, réduisit en cendres Cupidon, le dieu de l'amour, *kama*.

Cela signifie bien sûr que *kama*, le désir sexuel, ne peut être totalement éliminé que quand notre troisième œil s'ouvre et que nous parvenons à l'état de réalisation. Aussi Bhartrihari dit-il : « Pour m'emmener au-delà de la mort, dans cette *maya* si rapide, il n'y a pas d'autre espoir que le Seigneur.

> « *Assis paisiblement dans le silence de la nuit sur les rives du Gange céleste, dont les eaux brillantes reflètent la lumière blanche du clair de lune, craignant les souffrances de la naissance et de la mort, appelant à pleine voix « Shiva ! Shiva ! Shiva ! » quand atteindrons-nous l'extase, versant d'abondantes larmes de joie ?* »

Quand appellerons-nous Dieu en pleurant, sous le clair de lune, assis au bord du Gange, craignant les souffrances de la naissance et de la mort ?

Quand obtiendrons-nous la béatitude de la réalisation, des larmes d'extase roulant sur nos joues ?

« Distribuant toutes nos possessions, le cœur plein de compassion, ayant en tête la triste fin qui est notre destinée en ce monde, et méditant sur les pieds de Shiva en sachant qu'ils sont notre seul refuge, nous passerons dans les forêts des nuits illuminées par la lumière de la pleine lune d'automne. »

Quelle est donc cette triste fin ? La mort.

« Quand le jour me semblera-t-il passer en un instant ? Vêtu d'un bout de tissu, demeurant sur les bords du Gange à Varanasi, je lèverai les mains à mon front en criant « Ô, Gaurinata (Seigneur de Gauri), Tripurahara (Celui qui a vaincu Tripura), Shambo (Celui qui donne tout ce qui est bon), Trinayana (Celui qui a trois yeux), prends pitié de moi ! »

Quand viendra donc le jour où je pourrai vivre à Kashi sur les rives du Gange, implorant Dieu ?

« Ceux qui n'ont que leurs mains pour manger... »

Il désigne ainsi ceux qui ne possèdent même pas un bol pour mendier leur nourriture. Certains *sannyasis* n'ont même pas cela. Ils vont de maison en maison et tendent la main.

« Ceux qui n'ont que leurs mains pour manger, satisfaits de ce qu'ils reçoivent en aumône, qui s'allongent n'importe où, sans avoir besoin d'une maison ou d'un lit, qui considèrent l'univers comme un brin d'herbe et sont plongés dans l'extase suprême et éternelle avant même d'avoir quitté leur corps, ces yogis-là, par la grâce de Shiva, peuvent emprunter la voie d'accès facile. »

Cette voie est *moksha*, la libération.

« *Ô, Mère Lakshmi, Déesse de la Fortune, sers quelqu'un d'autre que moi, je T'en prie. Ne pose pas ton regard sur moi. Ceux qui aspirent au plaisir sont Tes sujets, mais pour celui qui est libre de tout désir, quelle importance as-Tu ?* »

Tous en ce monde, excepté les *sannyasis*, prient Lakshmi. D'une manière ou d'une autre, directement ou non, ils font ce qu'ils peuvent pour obtenir Lakshmi, c'est-à-dire la richesse, la prospérité, les plaisirs et les divertissements. Mais les *sannyasis* sont libres de ces désirs, ils veulent autre chose que les bonheurs procurés par le monde des sens. Ils aspirent à la béatitude de la réalisation de Dieu. Donc Lakshmi, ne viens pas à moi, va trouver ceux qui veulent ta bénédiction.

« *La terre est son lit, son bras lui sert d'oreiller et le ciel de dais, la brise l'évente et la lune l'éclaire. Le sage est heureux en compagnie de son épouse, le renoncement. Tel un monarque à la gloire inaltérable, il s'allonge, rempli de joie et de paix.* »

Voyez la beauté de l'image. Pour un *Mahatma*, Mère Nature est tout. La brise lui sert d'éventail et la lune de lampe. Son épouse a pour nom détachement, renoncement, et il est semblable à un roi glorieux.

« *Viendront-ils, ces jours heureux, où je serai assis en lotus sur les bords du Gange, dans l'Himalaya, plongé en samadhi, fruit d'une pratique régulière de la méditation sur Brahman ; les antilopes, n'ayant rien à craindre, viendront se frotter contre mon corps.* »

Le jour viendra-t-il enfin où je serai assis en *samadhi* dans l'Himalaya, absorbé en Dieu au point que les antilopes, me prenant pour un arbre, viendront se frotter contre moi ?

Voici la dernière strophe :

« *Ô terre, ma mère, Ô vent, mon père, Ô feu, mon ami, eau, ma parente, ciel, mon frère. Je vous salue une dernière fois les mains jointes. Dans la plénitude d'une pure connaissance, resplendissant des mérites développés grâce à mon association avec vous, j'ai transpercé maya et sa puissance merveilleuse, je me fonds maintenant dans la réalité suprême, Brahman.* »

Om Namah Shivaya.

Satsang à M. A. Center
Cassette 5, face A

Les bhajans, une sadhana

« Au crépuscule, l'atmosphère est remplie de vibrations impures. Ce moment de rencontre entre le jour et la nuit est le plus favorable à la méditation des sadhaks, car ils obtiennent alors une bonne concentration. »

QUE SIGNIFIENT CES PAROLES D'AMMA ? Si l'atmosphère est impure au crépuscule, c'est qu'après le coucher du soleil se déroulent de nombreuses activités «négatives», c'est-à-dire des activités qui troublent la paix intérieure d'un *sadhak*. La plupart des vols et des tromperies ont lieu la nuit et même si nous ne commettons pas de tels actes, d'autres le font, sous le couvert de la nuit.

En outre à la tombée de la nuit le désir de jouir des plaisirs augmente. Dans la journée, tout le monde travaille et la nuit, tous souhaitent avoir du bon temps. Ces vibrations, présentes dans l'atmosphère, rendent la tâche difficile à celui qui tente de méditer. Amma dit qu'à ce moment-là, l'atmosphère est impure. Et comme nous le disions l'autre jour, la Terre n'est pas un simple amas de sable et d'eau. C'est un être vivant. Nous ne sommes pas simplement le corps physique, qui ne constitue que l'aspect le plus grossier de notre être. Nous possédons un mental. Il y a encore la force vitale et puis l'âme, qui est notre être réel. C'est ce qui constitue le cœur de notre corps, pourrait-on dire. Le corps n'est que la part physique de nous-mêmes. Ainsi, la Terre, notre Mère, *Bhu Devi* comme l'appellent les Ecritures, possède une forme physique, la Terre, mais aussi une force vitale et un mental, puis une âme, comme nous. L'âme n'a ni forme ni taille et la Terre n'est ni plus grande ni plus petite que nous. L'âme n'est qu'un point, si je peux m'exprimer ainsi.

Durant la journée des changements se produisent dans notre corps, et la même chose est vraie de *Bhu Devi*. Imaginez que vous soyez un microbe ou autre chose à l'intérieur d'un corps humain. Nous savons que nous ne sommes pas seuls dans ce corps. Réfléchissez. Que se passe-t-il à la mort du corps ? On l'enterre, les vers le mangent. D'où viennent-ils ? De l'intérieur, pas de l'extérieur.

Ou bien le corps est en mauvaise santé, il souffre de nombreuses maladies. Et les microbes sont déjà là. Ils gagnent en force. La force vitale diminue, le corps tombe malade et meurt.

Imaginez que vous soyez un microbe dans un corps humain et que cette personne, allongée, se tourne. Vous pensez alors : « Oh non, un autre tremblement de terre ! » Ou bien la personne ronfle et vous songez : « Oh non, un volcan s'apprête à entrer en éruption. » Telle est notre situa-tion, nous sommes des êtres minuscules à la surface du corps de la Terre. Et elle a ses humeurs, selon les heures de la journée. Certaines personnes se réveillent fraîches et capables de méditer ou de faire ce qu'elles veulent, tandis que d'autres ne parviennent pas à se lever le matin, quels que soient leurs efforts. Elles se sentent mal. Elles sont lentes et comme malades. Certains peuvent veiller la nuit, et sont alors pleins de vie. D'autres tombent de sommeil dès qu'ils ont pris leur dîner.

Notre corps a donc une horloge. Et *Bhu Devi* aussi rayonne de manière différente selon les moments, indépendamment des petites vibrations que nous créons avec la totalité de nos pensées. Le matin et le soir sont considérés comme des moments défavorables pour un *sadhak*, pour quelqu'un qui désire contrôler le mental. Un *sadhak* doit se comporter en homme d'affaires et gérer son temps au mieux. Un commerçant connaît les heures d'affluence et c'est à cette heure-là, quand tout le monde passe devant sa boutique, qu'il s'arrange pour que la vitrine soit belle et attrayante. Il fera peut-être des affaires avant et après, mais c'est à ce moment-là qu'il vend le plus.

Ainsi, un *sadhak* devrait déterminer le moment le plus opportun pour ses pratiques spirituelles. Cela ne signifie pas qu'il doit s'en abstenir à d'autres heures, mais c'est alors qu'il en retirera le plus grand bénéfice. Amma dit que ces heures où l'atmosphère est impure sont, pour quelque mystérieuse raison, en dépit des vibrations profanes, également les plus favorables aux pratiques spirituelles. Il y a dans l'atmosphère un autre élément et toute personne qui a fait quelques années de *sadhana* le perçoit. Juste avant le lever du soleil et juste après son coucher, le mental est plus paisible. Amma dit :

> « *En l'absence de sadhana, les pensées profanes augmentent. C'est pourquoi il est nécessaire de chanter des bhajans au crépuscule. L'atmosphère s'en trouve également purifiée.* »

Amma dit qu'à ce moment-là, la *kundalini shakti*, la force vitale en nous et en Mère Nature, gagne en force. Tout ce qui est en nous émerge. Si les tendances spirituelles prédominent, nous serons plus spirituels à cette heure-là. Nous aurons intuitivement envie de méditer, de penser à Dieu, de prier ou de chanter des *bhajans*. Et les personnes qui ne sont pas orientées vers la spiritualité seront plus actives, mais d'une manière profane. Leur désir de distractions, de plaisirs et de sommeil augmente au crépuscule. Amma recommande donc aux *sadhaks* d'utiliser ce moment car il y a une chance pour que les mauvaises *vasanas*, les *vasanas* qui nous lient à ce monde physique, remontent à la surface. A nous donc d'en faire bon usage et de livrer bataille aux forces négatives à ces heures-là.

La majorité d'entre-nous ne remarque rien. Après notre réveil, nous allons à la salle de bains puis nous déjeunons, nous allons travailler, nous rentrons, nous faisons nos affaires et nous allons dormir. C'est la vie que mènent la plupart des gens. Mais un *sadhak* est différent. Il doit être attentif à tout ce qui se passe, en lui et autour de lui. Amma s'adresse donc à ceux qui désirent être vigilants et tirer le meilleur profit possible de la vie pour progresser spirituellement.

Ce chapitre entier est consacré aux *bhajans*. Les *bhajans* sont une forme rajasique de *sadhana*, car elle comporte beaucoup d'activité. L'être entier y participe : le corps, le mental, les sentiments. Il ne s'agit pas de vous déconnecter de tout et d'essayer de voir la source. Vous utilisez tout votre être et vous essayez de le concentrer en un seul point.

Tout le monde sait ce qu'est *rajas* ? C'est un terme qui est fort bien expliqué dans la *Bhagavad Gita*.

Krishna (un *avatar* de Vishnu) dialogue avec son dévot et ami Arjuna. Il lui explique que Mère Nature a trois aspects : l'un est sattvique, ce qui est synonyme de calme, serein, tranquille. Songez à une étendue d'eau calme ou à votre mental quand il est paisible. Ou bien, lorsque vous vous trouvez au sommet d'une montagne et que vous regardez un vaste paysage, rappelez-vous ce que vous éprouvez. C'est un sentiment sattvique.

Puis il y a *rajas*. *Rajas* c'est l'activité, l'agitation, l'ambition. C'est la chaleur, l'activité. Sa couleur est le rouge. Celle de *sattva* est le blanc. Et enfin *tamas*, l'inertie, la lourdeur, l'illusion, les erreurs, le sommeil, la paresse, l'indifférence, l'obstination, le fait de se cramponner à ce qui est nuisible ou mauvais. Donc nous avons *sattva*, *rajas* et *tamas*.

Les *bhajans* sont une *sadhana* rajasique et non sattvique parce qu'elle est pleine d'activité. Mais Amma nous dit que cette sorte de *sadhana* est nécessaire pour lutter contre les vibrations négatives du crépuscule. Il faut parfois combattre le feu par le feu. Ceci en est un exemple.

> « *Mes enfants, comme l'atmosphère du Kali Yuga est remplie de bruits, il vaut mieux chanter des bhajans plutôt que méditer si l'on veut obtenir la concentration.* »

J'ai pensé à ce verset lorsque nous avons médité au début du *satsang* il y a cinq minutes. J'ai alors pris conscience de tous les bruits. Un avion est passé, un petit enfant criait, une vache meuglait, quelqu'un ouvrait et fermait une porte à l'autre bout de la maison, il y avait tant de bruits variés. Les oiseaux pépiaient. Tout cela est inévitable. Le moindre bruit dérange quelqu'un dont le mental n'est pas très fort, qui n'a pas la capacité de se concentrer, s'il essaye de méditer. Amma nous dit que ce n'est pas un problème et qu'il n'est pas nécessaire de lutter contre les bruits du Kali Yuga. Il suffit de les surmonter grâce aux *bhajans*.

Je me rappelle un incident amusant qui s'est déroulé à Vallickavu il y a longtemps, un soir où nous étions tous réunis. Les voisins, qui étaient peut-être à dix ou vingt mètres de nous, se sont disputés. Le mot « dispute » est trop faible pour décrire l'incident : c'était une vraie guerre. Ils criaient, ils hurlaient, les objets valsaient. Je n'ai jamais entendu des gens se battre ainsi, c'était un véritable combat. Et au même moment, de nombreux visiteurs se trouvaient là, venus pour avoir le *darshan* d'Amma. Savez-vous ce qu'Elle a fait ? Nous avions une espèce de sono de mauvaise qualité, pas très élaborée. Amma nous a demandé de la mettre à la puissance maximum. Nous avons inséré une cassette de *bhajans* et tourné le volume au maximum. On n'entendait même pas ce qu'il y avait sur la cassette, tant le son était fort, complètement déformé, mais au moins nous n'entendions plus ce qui se passait chez les voisins. On n'entendait plus rien du tout.

En lisant ce verset, c'est ce principe qui me revient à l'esprit. C'est sans doute la raison pour laquelle Amma nous demanda d'agir ainsi, Elle y songeait aussi. Il est donc possible de vaincre le bruit au moyen d'un bruit plus fort. C'est une des raisons pour lesquelles nous chantons des *bhajans*. Aucun d'entre nous n'y a sans doute jamais songé, et ce n'est pas la principale raison pour laquelle nous chantons ici, mais c'en est une. Car si vous essayez de méditer, vous verrez que votre mental est distrait au moindre petit bruit. Mais pendant les *bhajans* le bruit n'est pas un élément qui influe sur notre concentration. Bien sûr, si nous chantons, c'est que le cœur participe. Le cœur s'ouvre et la plupart des gens obtiennent une concentration meilleure qu'à n'importe quel autre moment. C'est donc une *sadhana* très efficace.

« *La méditation requiert un environnement paisible. C'est pourquoi les bhajans nous permettent de nous concentrer plus facilement. Les sons qui risqueraient de nous distraire sont noyés dans le son du chant et nous parvenons à nous concentrer. Les bhajans, la concentration, la méditation, voilà la progression à suivre. Mes enfants, se souvenir constamment de Dieu, c'est méditer.*»

Qu'est-ce donc que le *Kali Yuga* mentionné par Amma au début de ce verset ? Selon la tradition, le *Kali Yuga* est une division du temps. Il correspond à l'âge de fer. Il y a l'âge d'or, l'âge d'argent, l'âge de bronze et toutes ces différentes époques. Le *Kali Yuga* est l'âge du matérialisme, son règne. J'ai pensé vous lire un petit texte au sujet du *Kali Yuga*, écrit il y a plusieurs milliers d'années par un sage qui a eu la vision de ce qui allait arriver dans le futur.

A son époque, les choses étaient très différentes. Les gens vivaient selon la tradition. Leur idéal était le *dharma* : faire leur devoir, obtenir la vision de Dieu, faire le bien à tout instant. Leur vie était bien réglée. Il est donc prodigieux de voir l'exactitude avec laquelle ce *Mahatma* décrit l'évolution au cours du temps.

« Quand le Kali Yuga commence, jour après jour, sous l'effet de la toute-puissance du temps, l'honnêteté, la pureté du corps et de l'esprit, la faculté de pardonner, la compassion, la durée de la vie, la force physique et l'acuité de la mémoire diminuent. Dans le Kali Yuga, la richesse est le seul critère de bonne naissance, de moralité et de mérite. La force détermine le droit. C'est l'attirance personnelle qui est le facteur décisif dans le choix d'une compagne ou d'un compagnon et la tromperie est le mobile de tous les contrats d'affaires.

La justice aura toutes les chances d'être viciée, car nul ne saura gré à ceux qui l'administrent. La seule marque d'impiété sera la pauvreté et l'hypocrisie la seule preuve de bonté. Les cheveux longs seront considérés comme le seul signe de beauté et le seul but des êtres humains sera de se remplir le ventre. L'habileté se réduira au fait de subvenir aux besoins de sa famille et les actes vertueux auront pour seul objectif la gloire. C'est ainsi que le globe terrestre sera envahi par les gens méchants, et que la personne la plus puissante règnera.

Dépouillés de leur fortune par des souverains avides et sans pitié, de vrais bandits, les gens se réfugieront dans les montagnes et les forêts pour vivre de feuilles et de racines, de miel, de fruits et de fleurs. Déjà opprimés par la famine et les impôts, ils périront victimes de la sécheresse, du froid, des tempêtes, de l'ardeur du soleil, des pluies torrentielles, des chutes de neige et des conflits. Dans le Kali Yuga, les êtres humains souffriront de la faim et de la soif, de maladies et d'angoisse, et ils ne vivront plus que vingt ou trente années au maximum »

Il ne décrit pas la situation actuelle, c'est évident ; il décrit le déclin qui se produit au cours du *Kali Yuga*. La situation empire continuellement et à la fin, les gens ne vivront plus que vingt ou trente ans.

> *« Sous l'influence mauvaise du Kali Yuga, la taille des humains diminue et ils deviennent chétifs. Le droit chemin, indiqué par les Védas, se perd. La religion est en grande partie remplacée par l'hérésie et les gouvernants sont pour la plupart des voleurs. Les humains pratiquent le vol, la destruction gratuite de la vie etc. Les vaches ont la taille d'une chèvre et ne donnent pas plus de lait qu'une chèvre. Les cultures sont rabougries, la taille des arbres diminue. Les nuages produisent plutôt des éclairs que de la pluie. Et les demeures ont pour la plupart un aspect désolé par manque d'hospitalité envers les étrangers. »*

C'est très intéressant. Etes-vous jamais entré dans une maison qui semblait si abandonnée, alors qu'elle était habitée, que vous n'aviez plus qu'un désir, partir ? Les sages disent que les mauvaises vibrations qui y règnent proviennent de l'avarice des habitants, qui n'offrent jamais l'hospitalité à quiconque. Ils n'ont qu'un désir, se débarrasser au plus vite des visiteurs, pour ne pas avoir à les nourrir ou à leur donner quoi que ce soit. Ou bien les gens ne cessent de se disputer. Les vibrations sont donc négatives, et bien que nous en ignorions la cause, nous y sommes sensibles, tout comme nous ressentons la paix qui règne dans une maison où les gens pratiquent régulièrement les *bhajans* et la méditation, où ils ont des *satsangs* le soir.

« *Ainsi quand le Kali Yuga, si éprouvant pour les gens, approchera de sa fin, le Seigneur apparaîtra pour la protection de la vertu.* »

A la fin du *Kali Yuga*, la tradition dit que le dieu Vishnou s'incarnera comme il l'a fait sous la forme de Krishna et de Rama. Il prendra la forme de Kalki et il établira un nouvel âge d'or. Mais ce n'est pas pour maintenant, il nous faut encore attendre très longtemps, environ 420 000 ans. Et de tous les Yugas, celui-ci est le plus court, car notre sens du temps n'a rien à voir avec celui de Dieu. Le temps de Dieu est celui de Mère Nature. Si nous plantons une graine, une heure après nous allons voir si elle a germé, mais Dieu ne fonctionne pas à cette vitesse. Dieu plante la graine et il la fait germer en son temps. Cela peut prendre des mois ou une année. Il faut peut-être vingt ans pour qu'elle devienne un arbre et que l'arbre donne des fruits. Le système des Yugas dépasse complètement notre notion du temps.

« *Chanter des bhajans sans concentration est une perte d'énergie. Si le mental est concentré sur un seul objet, cette pratique bénéficie au chanteur, aux auditeurs et également à la nature. Peu à peu, ces chants éveilleront le mental des auditeurs.* »

Voilà un point très important pour nous, car les *bhajans* sont une partie intégrante de la *sadhana* en présence d'Amma, dans Sa vie et dans celle de Ses dévots. A nous de ne pas l'oublier et de chanter avec concentration, d'essayer consciemment de concentrer le mental sur un seul objet lorsque nous chantons, que ce soit le point entre les deux yeux, ou bien une forme, une sentiment, une lumière ou quoi que ce soit d'autre. Mais essayez de concentrer votre mental sur cet objet et de le fondre en lui, avec tous vos sentiments, cet objet symbolisant pour vous le Suprême. Si vous êtes sensibles aux *bhajans* d'une personne, cela indique qu'elle chante avec beaucoup de concentration. Cela n'a rien à voir avec la qualité ou le timbre de sa voix. Si quelqu'un est capable, par son chant, d'éveiller les autres spirituellement, c'est que son mental est concentré.

L'empereur Akbar et Tansen, le musicien

Il y a une belle histoire à ce sujet, celle de Tansen. C'était un grand musicien qui vécut il y a peut-être quatre ou cinq cents ans, à l'époque où l'empereur Akbar régnait sur l'Inde et avait sa cour à Delhi. Vous avez sans doute entendu parlé de ce célèbre souverain ; Akbar n'était pas un fanatique, il avait l'esprit très ouvert et protégeait les arts et les différentes religions. Tansen était musicien à la cour d'Akbar et sa musique était merveilleuse. Aucun musicien ne l'avait jamais égalé. Il était un des joyaux de la cour d'Akbar qui songea un jour : « Si Tansen est extraordinaire, comment est donc son *guru* ? Je désire entendre son *guru*. »

Il déclara donc à Tansen qu'il avait ce désir. L'artiste, étant un employé, ne put rien répliquer et emmena l'empereur à Vrindavan, qui n'est pas très éloigné de Delhi. C'est là que se trouvait son *guru*. C'est en Inde un lieu sacré comme Jérusalem l'est en Occident. C'est là que naquit Krishna et qu'Il vécut pendant de nombreuses années. Il y a des milliers d'ashrams à Vrindavan. Ils allèrent à l'ashram du *guru* de Tansen, Swami Haridas. Cet ashram existe toujours ainsi que la tombe, le *samadhi* d'Haridas. On perçoit à cet endroit une paix, une présence formidable.

Akbar se déguisa en homme du commun et ils partirent. Ils arrivèrent et se prosternèrent devant le swami. Haridas regarda Akbar et dit : « Oh, l'empereur est venu. » Sa vision divine lui permit de savoir aussitôt qui était le visiteur. Akbar faisait signe à Tansen de demander au *guru* de chanter ; mais voyez-vous, il n'est pas convenable de demander à un *Mahatma* de chanter.

Mais Tansen était très intelligent ; il chanta un chant que son *guru* lui avait enseigné en faisant délibérément quelques erreurs. Alors Haridas chanta le même chant, mais correctement, pour lui permettre de se corriger. Akbar entra en extase, perdant conscience de son corps, le mental absorbé en Dieu.

Ils prirent ensuite congé de Haridas et rentrèrent à Delhi. Akbar songeait sans cesse à la béatitude qu'il avait éprouvée en entendant ce chant. Il appela Tansen le lendemain et lui demanda de chanter le même chant. Celui-ci obéit, mais le visage de l'empereur n'exprima pas la moindre émotion. Akbar dit alors : « Je n'ai rien ressenti. C'était pourtant le même chant. Où est le problème ? » Le musicien répondit : « Majesté, si vous promettez de ne pas vous mettre en colère, je vais vous le dire. » «Bien, dis-le moi. » répondit Akbar. Tansen dit : « Mon *guru* chante pour plaire à Dieu, tandis que je chante pour vous plaire. »

Chanter pour plaire à Dieu au lieu de chanter pour plaire à un auditoire, c'est très différent. Si belle que soit la musique de divertissement, on ne peut la comparer à la musique sacrée. Elles sont comme le jour et la nuit.

Voilà donc notre but quand nous chantons des *bhajans* : développer une telle concentration que notre mental soit absorbé en Dieu et que tous ceux qui sont autour de nous ressentent en leur cœur le même amour, soient plongés dans le même état.

Om Namah Shivaya !

Satsang à M. A. Center
Cassette 5, face B

La sadhana et la nourriture - I

N ous étions en train d'étudier Paroles d'Amma et nous en étions arrivés à l'aphorisme 166, qui clôt le chapitre concernant l'égoïsme. Nous abordons maintenant le chapitre suivant, qui concerne la nourriture.

> *« Il est impossible de savourer le nectar du cœur sans renoncer à ce qui est nectar pour la langue. »*

Voici une tournure très mystique, comme le sont toujours celles d'Amma. La nourriture a une grande importance, c'est le moins qu'on puisse dire. La vie en dépend. Dans le règne animal, la plus grande partie de l'existence est consacrée à la quête de nourriture, et le reste se passe à dormir. Si nous gagnons notre vie, c'est d'abord pour nous alimenter et ensuite seulement pour profiter de la vie, vivre à l'abri d'un toit et jouir d'un plus grand confort. Mais le but essentiel de l'argent, c'est de nous permettre de vivre, de manger. Beaucoup de gens passent des heures à cuisiner, à faire la vaisselle et à s'approvisionner en victuailles. Amma ne dénigre pas la nourriture. Celle-ci est considérée comme une manifestation de Dieu. La nourriture est *Brahman*, c'est ce que disent les *Upanishads*. Mais si elle a son importance, le goût, lui, n'est pas essentiel, voilà ce qu'Elle déclare. Il a moins d'importance que la nourriture. Ce verset concerne plutôt le goût que la nourriture. L'être humain ne se réduit pas à un corps physique qui vit de nourriture. Il a cinq enveloppes, cinq corps appelés *koshas* en sanscrit. Dans un oignon, des anneaux successifs entourent le centre ; chez l'être humain, *l'Atman*, (le Je, l'être, l'âme) est entouré de cinq couches.

La plus extérieure est le corps physique. Il est appelé *annamaya kosha*, l'enveloppe constituée de nourriture (*annam*). Puis vient le *pranamaya kosha*, fait de force vitale. Plus subtil encore est le *manomaya kosha*, tissé par les pensées et les émotions qui se succèdent, bref le mental, le bruit intérieur qui nous parasite sans cesse. Puis quand le même organe, le mental, est utilisé pour réfléchir à un sujet particulier, pour discerner, comprendre, prendre des décisions, il est appelé *vijnanamaya kosha*, l'intellect. Il s'agit du même organe, le mental, mais il exerce une fonction différente, celle de comprendre. Et lorsque nous retirons un certain bonheur de notre vie dans le monde des sens, celui-ci ne provient pas des objets des sens, mais de notre corps de béatitude, *anandamaya kosha*. Lorsque vous vous endormez, vous éprouvez tant de bonheur et de paix, vous n'avez aucune envie de vous réveiller. Cette béatitude provient d'*anandamaya kosha*, tout comme celle que vous procure la satisfaction d'un désir.

Mais l'être intérieur, le sujet et le noyau de tout cela, c'est l'âme, *l'Atman*. Il est plus important que tout le reste. Quand l'âme quitte le corps, elle abandonne tout ; la force de vie et le mental suivent l'âme dans le corps suivant. Mais l'essentiel est notre Soi réel, *l'Atman*, le Je qui brille en nous, toujours présent ; il est toujours relativement perceptible, mais il est mêlé à ces cinq autres éléments. Quand vous écoutez un chœur en essayant de distinguer la voix d'une personne que vous connaissez, vous entendez bien la voix mais il est impossible de la séparer des autres. La voix du « Je » est toujours présente à l'intérieur de nous, à chaque instant, mais elle est mélangée à ces autres corps.

Amma nous dit que le corps physique constitué de nourriture n'est pas l'essentiel. L'essentiel est *l'Atman*, notre véritable nature. Mais notre attention est la plupart du temps dirigée vers les sens, si bien que nous n'avons pas conscience de cette vérité, de la béatitude immortelle de notre propre Soi. Notre mental est toujours tourné vers le monde extérieur. Totalement accaparés par le monde extérieur, il nous est impossible de percevoir un seul instant notre Soi réel sans un minimum de retrait des sens.

Nombreux sont ceux qui parviennent à un point de leur évolution spirituelle où les objets extérieurs ne les satisfont plus. Ils commencent à regarder à l'intérieur et s'ils rencontrent un être comme Amma, ils ont peut-être une expérience intérieure. Quelle sorte d'expérience ? Qu'est-ce qui les plonge en extase ? Voyez le visage des gens qui se relèvent après avoir eu le *darshan* d'Amma, la béatitude dont ils rayonnent… jamais ils n'ont cette expression à d'autres moments. Le *darshan* leur donne une expérience, un aperçu de quelque chose. Si vous allez les trouver à ce moment-là pour leur demander l'heure, ils ne vous regarderont peut-être même pas. Ils ne veulent pas regarder à l'extérieur. Leur vie a beau, d'ordinaire, être constamment tournée vers l'extérieur, à cet instant précis leur mental plonge profondément à l'intérieur et ils goûtent la paix et la béatitude qu'ils retirent de la présence d'Amma. Même pendant de bons *bhajans*, si quelqu'un vous tape sur l'épaule et vous propose de sortir pour discuter, vous ne le regarderez même pas. Pourquoi ? Parce que le mental va au-delà du corps physique, de la force de vie, de la pensée, de l'intellect. Il touche le Soi, il s'approche de la réalité intérieure. A ce moment-là, les sens deviennent une distraction.

Amma nous dit qu'en réduisant les stimulis des sens, nous pouvons parvenir à cette expérience. Si nous l'obtenons spontanément par la grâce ou par la présence d'un *Mahatma*, ces stimulis se réduisent automatiquement. Mais cela fonctionne aussi en sens inverse, c'est-à-dire que grâce au contrôle des sens, nous pouvons faire l'expérience de ce qui est à l'intérieur de nous.

Aller à l'intérieur, au-delà du corps physique

« Il est impossible de savourer le nectar du cœur sans renoncer à ce qui est nectar pour la langue. »

Si nous cherchons constamment à l'extérieur, il nous est impossible de trouver la béatitude intérieure. Amma dit que la béatitude réside dans notre cœur, et il ne s'agit pas du cœur physique, mais du centre de notre être, la demeure de *l'Atman*. Un proverbe dit : « En présence de Rama, *kama* n'existe pas, et là où *kama* existe, Rama est absent. » Qu'est-ce que cela signifie ? Kama désigne le désir, les plaisirs du monde. Il est impossible de parler de la présence de Dieu lorsque nous sommes plongés dans les plaisirs ou habités par un désir. Pour employer une image, ce sont les deux polarités opposées entre lesquelles oscille le pendule. Quand vous parlez de Dieu ou ressentez Sa présence, il est impossible de nourrir le moindre désir ou de goûter les plaisirs du monde.

« Il n'est pas possible de faire une liste des aliments conseillés aux sadhaks et de ceux qui leur nuisent. L'effet des aliments varie en fonction des conditions climatiques. Un mets à éviter sous ce climat peut être utile dans l'Himalaya. »

D'après les êtres réalisés comme Amma et les *rishis* des temps védiques, notre monde a un aspect duel. Il existe sans nul doute un monde physique, mais les objets matériels possèdent également une vibration subtile. Au cours des trente dernières années le mot « vibration » est devenu très en vogue. Ce n'est rien de nouveau. Il y a des milliers d'années, les sages percevaient cette réalité :

155

tout objet a une vibration qui lui est propre et il reçoit aussi des vibrations. Non seulement chaque chose émet des ondes, mais cette « radio » fonctionne dans les deux sens. Nous émettons des vibrations et nous en recevons. Les êtres humains ne sont pas les seuls à posséder une vibration : les lieux, les aliments, les gens, les pensées, les actions, les paroles, tout possède une vibration. L'univers est comme un vaste réseau, une grande matrice de vibrations, dont le substrat dépourvu de vibrations est appelé Dieu ou *Brahman*.

Ces vibrations ont été classées en trois catégories ou *gunas*. Beaucoup d'entre vous ont peut-être lu la *Bhagavad Gita*, où la philosophie des *gunas* est fort bien expliquée.

Je vais vous lire quelques versets de la *Bhagavad Gita*, pour vous donner une idée de la nature de ces trois *gunas*. La première est *sattvaguna*, *guna* de la paix, de l'harmonie, du bonheur. Puis vient *rajoguna*, *guna* de l'activité et aussi des troubles. La troisième est *tamoguna*, *guna* de l'inertie, de la pesanteur, de la paresse, de l'illusion.

Comment reconnaître à quelle *guna* appartiennent les actions et les gens ?

Examinons d'abord les actions.

> « *Une action accomplie par devoir, sans attachement, qui n'est entachée ni par la haine, ni par l'amour et dont l'auteur ne désire pas les fruits, une telle action est sattvique.* »

En d'autres termes une action est sattvique lorsque l'auteur n'est pas attaché à ses fruits, qu'il est calme et équilibré.

> « *Mais toute action dont le motif est la recherche du plaisir, toute action égoïste, qui cause des ennuis, est qualifiée de rajasique. L'action entreprise sous l'effet de l'illusion, sans souci des conséquences, des pertes, des blessures et des handicaps qu'elle entraîne, est qualifiée de tamasique.* »

Quand le mental est lourd et ne prend pas ces facteurs en considération, nous sommes plongés dans l'illusion et nos actes sont tamasiques.

« Un être sattvique est libre de tout attachement, d'égoïsme, il est solide et vigoureux, le succès ou l'échec ne l'affectent pas. »

Il s'agit maintenant des gens.

« Un être rajasique est passionné, il désire le fruit de ses actes, il est avide, cruel, impur, il connaît la joie et la douleur. »

La plupart des êtres en ce monde sont rajasiques. Fort peu sont sattviques, libres de tout attachement et dépourvus d'égoïsme, indifférents au succès ou à l'échec. Combien d'entre nous sont ainsi ? Mais notre but est de le devenir. En nous approchant d'une nature sattvique, nous nous approchons de notre Soi réel, de *l'Atman*.

« Un être tamasique est instable, vulgaire, orgueilleux, trompeur, méchant, indolent, il se laisse déchoir et il temporise. »

Voici les différentes catégories de personnes et en lisant cela nous pouvons nous analyser et voir à laquelle nous appartenons. Personne n'est purement sattvique, rajasique ou tamasique. Nous sommes constitués d'un mélange. Sachant cela, il s'agit de déraciner en nous les traits rajasiques et tamasiques, qui sont inférieurs, afin de devenir purement sattviques.

Selon Amma, un mental sattvique est pareil à un lac aux eaux tranquilles, dans lequel le soleil se reflète, ou bien au fond duquel il est possible de voir briller la perle, la pierre précieuse qu'il recèle, tant il est paisible. Le mental rajasique est comparable à une surface agitée par le vent et les vagues, qui ne reflète que des images brisées. Le mental tamasique est semblable à de l'eau boueuse, il est impossible de rien y voir.

L'importance du mental

Lorsque Amma parle ici d'aliments à conseiller et d'aliments nuisibles, il ne s'agit pas de ce qui est bon ou mauvais pour la santé. Les conseillers en diététique sont légions, et il existe toute une industrie liée à cela. Mais peu de gens savent ce qui est recommandé pour notre progrès spirituel, pour nous aider à devenir sattvique et ce qui est à éviter, ce qui rend le mental rajasique ou tamasique. Et à dire vrai, personne ne s'en soucie, excepté les chercheurs spirituels, qui se préoccupent plus de leur mental que de leur corps physique. Ils savent que celui-ci est périssable et peut disparaître à tout instant. Il se peut très bien que nous sortions de la pièce, et que tout soit terminé. Dès la naissance, nous sommes dans la queue, nous avons notre billet pour quitter ce monde, nous ignorons seulement quel est notre numéro.

Le corps est vivant aujourd'hui, il sera mort demain. Mais le mental, lui, est important, car nous l'emporterons dans notre naissance suivante. Quel que soit le corps que nos obtiendrons, le mental, lui, sera le même. Plus le mental est sattvique, plus nous nous approchons de la vision de *l'Atman*. Et alors toute cette succession de naissances et de morts prendra fin. Nous nous réveillerons, comme d'un mauvais rêve, d'un long cauchemar. La béatitude que nous recherchons sans cesse en ce monde, nous la trouverons dans cet état, nous la trouverons dans notre propre Soi. Il est donc essentiel de purifier notre mental, de le rendre sattvique.

Amma nous conseille de ne manger que des nourritures sattviques.

Quelles sont-elles ? C'est également décrit dans la Gita et voici les versets qui en parlent.

« *Les aliments se répartissent aussi en trois catégories, appréciées par différentes personnes. La nourriture qui renforce la vie, l'énergie, la force, la santé, la joie et la gaité, la nourriture savoureuse et grasse, substantielle et agréable plaît aux êtres sattviques. Les aliments amers, aigres, salés, trop épicés, âcres, secs et brûlants sont appréciés des êtres rajasiques. Ils apportent la douleur, le chagrin et la maladie. La nourriture éventée, sans goût, putride, pourrie et impure plaît aux êtres tamasiques.* »

(*Rires*) Oui, les gens sont différents et ont des goûts variés. Tels sont donc les différents types de nourritures.

Mais Amma souligne ici que selon le climat, la *guna* à laquelle un aliment appartient peut changer. Prenons par exemple le thé. Dans un climat chaud comme celui du sud de l'Inde, le thé est rajasique, c'est un fort stimulant. Mais pour quelqu'un qui vit au Tibet, où il fait très froid, il est nécessaire de boire du thé pour survivre. Et les légumes poussent mal au Tibet ; les tibétains récoltent de l'orge mais très peu de légumes et ils mangent de la viande. Bien que la viande soit en général considérée comme tamasique, au Tibet, où il n'y a pas d'autre moyen de survivre, elle donne la vie.

C'est à cela que pense Amma lorsqu'Elle déclare qu'il est impossible de qualifier un aliment de bon ou de mauvais, car cela varie selon le climat. Ce qui est bon ici est à éviter ailleurs et vice versa. Mais dans l'ensemble, les catégories définies plus haut sont valables. A nous d'apprendre à distinguer entre ce qui est sattvique, rajasique ou tamasique et à nous limiter dans la mesure du possible à ce qui est sattvique, du moins si nous nous soucions réellement de progresser spirituellement.

Toutes les paroles d'Amma, les livres qui ont été publiés, s'adressent à des chercheurs spirituels sérieux, qui ne se contentent pas de barboter dans la spiritualité, qui ne la considèrent pas comme un amusement ou un plaisir. Ils sont destinés aux *sadhaks* qui pensent : « Oh, je peux mourir d'un jour à l'autre et je n'ai pas réalisé le Soi, je n'ai pas trouvé le vrai bonheur. Quelle est la solution ? Je vais vieillir, tomber malade et mourir ; c'est ce qui m'attend, moi aussi. N'y a-t-il pas une issue ? »

Vous connaissez l'histoire du Bouddha ? Tout le monde la connaît. Il pensait que tout était pour le mieux, que la vie serait une fête jusqu'à la fin, qu'il resterait jeune, en bonne santé et aurait du bon temps. Puis qu'est-il arrivé ? Purna ?

– *(Purna)* Il a rencontré des gens vieux et malades.

– Oui. Et puis ?

– *(Purna)* Il a vu un *sadhu*.

– Il a vu un *sadhu* et il a vu un mort. Alors il a demandé à son serviteur : « Cela m'arrivera-t-il aussi ? » Et Channa, son serviteur, a dit : « Tout le monde connaît la maladie, la vieillesse et la mort, et le même sort vous attend, vous, votre femme et le roi. » Bouddha a répondu : « Je me sens mal, rentrons au palais. » Il s'est mis à réfléchir. « Quel est le moyen d'échapper à cela ? C'est horrible, je ne veux pas de ce destin. » Et il s'est rappelé le *sadhu* assis sous son arbre en train de méditer. Il s'efforçait d'échapper à l'inévitable. Bouddha a décidé de suivre la même voie et il est parti.

Je ne veux pas dire que tout le monde doit tout abandonner pour aller s'asseoir sous un arbre et méditer jusqu'à ce qu'il parvienne à l'illumination. Non, ce n'est pas cela. Etre sérieux consiste à envisager la vie de cette manière, à ne pas se laisser égarer par *maya*, à comprendre la nécessité de la vie spirituelle. Si ce n'est pas possible, alors rappelez-vous ce que vous avez ressenti en présence d'Amma, la béatitude, la joie, la paix incomparables que vous avez goûtées au cours de ce *satsang*, lorsque la vie spirituelle est devenue réalité au lieu de rester un simple passe-temps.

Les paroles d'Amma s'adressent à des gens motivés.

Maîtriser la faim

« *Lorsque nous nous asseyons pour manger, nous devons d'abord prier Dieu. C'est pourquoi nous récitons des mantras avant les repas. Le meilleur moment pour mettre notre patience à l'épreuve, c'est quand nous sommes assis devant notre assiette.* »

Réciter des *mantras* et penser à Dieu avant de manger, c'est une discipline spirituelle, nous dit Amma. En d'autres termes, il s'agit de rester tranquille et de penser à Dieu, même si l'eau nous vient à la bouche. C'est une grande austérité, c'est *tapas*. Si vous avez devant vous un mets que vous désirez savourer et que vous dites : « Un instant, je veux d'abord penser à Dieu ou bien méditer. », c'est le bon moment. Notre caractère est mis à l'épreuve lorsque nous avons faim. Une personne affamée dévoile sa véritable nature. La puissance de la faim est telle, qu'il arrive même, dit-on, que des saints envoient tout promener pour se remplir le ventre.

Beaucoup d'entre vous connaissent sans doute l'histoire de Kuchela, le dévot de Krishna. Quand ils étaient jeunes, on les envoya tous deux chercher du bois dans la forêt pour leur *guru*. L'épouse du *guru* leur avait donné un paquet de nourriture, pour qu'ils prennent un casse-croûte dans la forêt. Malheureusement, il se mit à tomber des cordes ; ils ne purent pas rentrer à l'ashram et se réfugièrent dans les arbres. Krishna était dans un arbre et Kuchela dans un autre. Tenaillé par la faim, Kuchela entama le casse-croûte. Tout en sachant que Krishna était *Bhagavan*, une incarnation de Vishnou, il mangea, sans même Lui demander s'Il avait faim, s'Il voulait quelque chose. Il mangea d'abord la moitié des provisions, puis il continua et dévora le reste, sans rien donner à Krishna ni Lui dire un seul mot. Ensuite, pendant de nombreuses années, il vécut dans une grande pauvreté. Il finit par obtenir la grâce de Krishna et il devint très riche. Mais il était déjà vieux. Il avait beau avoir conscience d'être en présence du Divin, c'est son ventre qui a eu le dessus.

Je sais ce que c'est, j'ai eu une expérience du même genre. J'ai un peu honte d'en parler, mais comme il me semble que cela peut être utile, je vais vous la raconter. Je devais m'occuper d'une personne un peu âgée. Cet homme avait un problème d'acidité dans l'estomac, il aimait donc le yaourt frais, avant qu'il ne devienne aigre. Je n'étais pas malade, mais je préférais aussi le yaourt frais. Le vieil homme était allé au temple et devait revenir déjeuner ; je m'occupais de préparer son repas. En ouvrant le placard, j'ai trouvé deux petits pots contenant du yaourt. L'un était très aigre et l'autre doux. Il ne savait pas qu'il y en avait deux. Alors avant qu'il revienne, j'ai mangé le yaourt frais. Malgré tout mon respect envers lui, malgré mes bonnes intentions, j'ai été dominé par le goût. La gourmandise a été la plus forte. Et à cette époque de ma vie, dès que je faisais un bêtise, je recevais un coup sur la tête l'instant d'après. La personne est revenue, s'est assise pour manger et en mangeant le yaourt, elle s'est exclamé : « Oh, que ce yaourt est aigre ! Il n'y en avait pas de doux ? Je ne peux pas le croire. » Il m'a donc fallu admettre ce que j'avais fait. Il a commenté : « Très bien, tu es un grand *sadhak*, un grand dévot. » Bien sûr, il n'était pas *Bhagavan* Krishna, alors je n'ai pas eu trop à souffrir. Mais c'est une leçon que j'ai apprise pour le restant de mes jours : ne pas agir ainsi, prendre conscience que le goût nous réduit en esclavage et nous prive de notre discernement.

L'histoire de la mangouste dorée illustre l'attitude inverse. Elle est tirée du *Mahabharata* et beaucoup d'entre vous la connaissent. Le roi Yudhistira, l'aîné des Pandavas, accomplit un grand sacrifice védique au cours duquel il distribua des millions. Il donna tant de cadeaux à des milliers de gens qu'il n'était plus question de rien d'autre à Delhi. A l'époque c'était l'ancien Delhi, dont le nom était Hastinapura. A la fin de la cérémonie, une mangouste est arrivée et s'est roulée par terre, là où le sacrifice avait été accompli. Tout le monde s'est étonné de voir cette créature étrange. Quand elle s'est relevée, on s'est aperçu que la moitié de son corps était d'une magnifique couleur dorée, tandis que l'autre était d'un brun ordinaire. Quelqu'un qui possédait le pouvoir de parler aux animaux lui a demandé : « Ton apparence est bien étrange, Ô mangouste. Comment se fait-il que la moitié de ton corps soit dorée et l'autre moitié brune? »

Alors la mangouste a raconté l'histoire suivante, que je vous résume. Quelques années auparavant, il y avait eu une terrible famine et la mangouste avait parcouru le pays en quête de nourriture. Une famille très pauvre était sur le point de mourir de faim. On leur a donné un peu de grain, dont ils ont fait de la farine et avec cela, ils ont roulé quelques chapatis. Ils s'apprêtaient à manger. Imaginez comme ils avaient faim, n'ayant pas mangé depuis deux ou trois semaines, tremblants, sur le point de s'effondrer, ils souffraient, leur estomac était en feu et ils n'avait que trois ou quatre galettes de blé...

Juste à ce moment-là, trois visiteurs sont arrivés, l'un après l'autre. A chacun ils ont donné un morceau de pain. Et il ne leur est plus rien resté. Au moment où ils ont donné le dernier morceau de pain, ils ont tous atteint un niveau très élevé de réalisation et obtenu la libération.

La mangouste a mangé les miettes que les visiteurs avaient laissées en mangeant, puis elle s'est allongée un moment à cet endroit. Quand elle s'est relevée, la moitié de son corps était devenue dorée. Cette belle couleur dorée lui avait tant plu qu'elle se rendait depuis dans tous les lieux de pèlerinage et de sacrifice où les gens servaient de manière désintéressée et distribuaient leurs biens en aumône. Elle se roulait par terre à l'endroit où ces actes méritoires étaient accomplis, pour voir si l'autre moitié de son corps deviendrait dorée. La mangouste a déclaré au roi Yudhistira :

« Ce grand rituel au cours duquel tu as donné tant de présents, distribué des millions, n'est rien en comparaison du sacrifice de ces pauvres gens qui ont donné trois galettes de pain. »

Cette histoire montre la prouesse effectuée par ceux qui maîtrisent la faim. Cela exige une âme très évoluée.

> « Un ascète n'a pas besoin de partir en quête de nourriture. L'araignée tisse sa toile sans se déplacer. La proie se prend dans son filet. Ainsi, si un ascète s'abandonne totalement à Dieu, Il lui enverra sa nourriture. »

Il est ici question des *sannyasis*, non de la majorité d'entre nous. Un *sannyasi* authentique, qui a abandonné la vie du monde et ne vit que pour réaliser Dieu, ne devrait pas avoir une seule pensée concernant la nourriture, ni se demander d'où elle lui viendra. Aucun effort de sa part n'est nécessaire. S'il pense à Dieu constamment, s'il s'efforce sans cesse de réaliser Dieu, il sera nourri.

Dieu s'occupe de Ses dévots

Amma nous a raconté l'histoire d'un homme qui, ayant entendu cet enseignement lors d'un *satsang*, avait décidé de voir si c'était vrai. Vous vous rappelez ? Cet homme a décidé de faire le test et de voir si Dieu allait le nourrir sans qu'il fasse aucun effort. Il a donc résolu : « Non seulement Dieu m'apportera la nourriture, mais Il me la mettra dans la bouche. C'est à cette condition que je croirai ces paroles. » Il était donc dans sa hutte, au village, il répétait son mantra et pensait sans cesse à Dieu. L'idée lui vint que ce n'était pas bon. « Si je reste ici, il se peut que quelqu'un passe et songe en me voyant : « Oh ! Le pauvre, il n'a peut-être rien mangé aujourd'hui, nous devrions lui apporter quelque chose. »

Il partit dans la forêt et s'installa sous un arbre. Il répétait son mantra.

C'est alors qu'il entendit du tapage à l'autre bout de la forêt. Le bruit se rapprocha et il identifia une bande de voyous, des voleurs qui venaient de faire un gros larcin et se cachaient dans la forêt. Il se dit : « Ils sont capables de me tuer ! » et il grimpa en haut de l'arbre d'où il voyait tout. Les voleurs arrivèrent, posèrent leurs sacs remplis de butin et sortirent leur déjeuner.

A ce moment-là, l'un d'entre eux proposa d'aller prendre un bain dans la rivière toute proche avant de manger. Ils allèrent se baigner. Et juste au moment où ils revenaient, l'homme caché dans l'arbre éternua. Il ne put s'en empêcher. Les voleurs levèrent la tête et découvrirent sa présence. Ils l'obligèrent à descendre. Ils crurent que cet homme, ayant vu les objets dérobés, avait empoisonné la nourriture pendant qu'ils étaient à la rivière pour les tuer et récupérer le butin. Ils décidèrent de le faire manger et lui enfournèrent la nourriture dans la bouche.

Juste à cet instant, l'homme a compris que ce qu'il avait entendu au *satsang* était vrai. L'histoire finit bien : la police arriva dans la forêt, attrapa les voleurs et les emmena. Et notre homme fila des jours heureux.

Mais ce n'est pas pour tout le monde, bien que quelques rares chefs de famille, des êtres ordinaires, aient vécu ainsi sans être des *sannyasis*. Beaucoup d'entre vous ont sans doute entendu parler de Tukaram. C'est un saint qui a vécu dans le Maharastra ; il était marié, avait des enfants et tenait un commerce. Mais sans cesse, il répétait le nom de Dieu et il méditait. Il consacrait très peu de temps à autre chose. Il ne s'inquiétait jamais de rien, ne songeait ni à son avenir ni à celui de sa famille. Et Dieu les a toujours protégés. Ils ont traversé beaucoup de souffrances mais Dieu a pris soin d'eux. Et Tukaram est devenu célèbre. Il est aujourd'hui connu de tous les Indiens.

Montrons l'exemple

« Au départ un sadhak doit contrôler le goût. Si nous mangeons à notre fantaisie, nous développons de mauvaises tendances. Lorsque nous semons, nous veillons à ce que les corbeaux ne viennent pas picorer les graines. Une fois que la graine est devenue un arbre, n'importe quel oiseau peut s'y percher ou y construire son nid. Il s'agit dès aujourd'hui de maîtriser votre régime et de faire votre sadhana. Plus tard, vous pourrez manger de la nourriture épicée, aigre ou même non végétarienne sans que cela vous affecte. Malgré cela, abstenez-vous de consommer ces aliments lorsque vous aurez atteint ce niveau. Vous devez donner l'exemple au reste du monde, ainsi les autres apprendront en vous regardant. Il ne faut pas manger d'aliments épicés ou aigres devant quelqu'un qui a la jaunisse. Même si nous ne sommes pas malades, pour l'aider à guérir, notre devoir est de suivre un régime. »

Il était une fois un malade qui était allé consulter le docteur. Il était venu de loin pour se faire soigner. Le docteur établit le diagnostique et lui dit : « Vous avez le diabète » mais ne lui donna aucun traitement, aucune ordonnance. Il demanda au malade de revenir le lendemain. L'homme protesta en disant qu'il lui serait très difficile de revenir le lendemain car il avait marché plusieurs kilomètres pour venir. Mais le médecin insista : « Je ne peux pas vous faire d'ordonnance maintenant, revenez demain. » Le malade partit. L'infirmière qui avait été témoin de la conversation, a reproché au médecin d'être cruel. « Pourquoi ne lui avez vous pas indiqué ce qu'il doit faire et ce qu'il doit éviter ? » Le docteur a répondu : « Vous voyez ce bol rempli de bonbons sur mon bureau ? Si je lui avais dit de ne pas manger de bonbons et d'éviter le sucre, il aurait pensé : « Il me donne de bien bons conseils, mais il ne se prive pas, *lui*, de manger des bonbons et du sucre ! »

Amma nous dit donc : il se peut que nous ayons atteint un niveau où le feu de *jnana*, le feu de la sagesse, la lumière de la connaissance brillent en nous et que nous ayons purifié notre cœur au point de vivre en présence de Dieu ; dans ce cas, ce que nous mangeons est brûlé, même la partie subtile est détruite. Mais les êtres ordinaires sont incapables de concevoir cet état, leur mental est complètement influencé par ce qu'ils mangent. Ils nous prennent comme modèles dans bien des domaines, il faut donc leur donner un bon exemple, même dans la manière de se nourrir.

Voici ce que Sri Krishna dit dans la *Bhagavad Gita* à ce sujet :

« Quoi que fasse un grand homme (c'est-à-dire un homme de Dieu, n.d.t.), les autres l'imitent. Le monde suit son exemple. Je n'ai rien à accomplir dans aucun des trois mondes, Je n'ai aucun but à atteindre et pourtant, J'agis. Car si Je m'abstenais d'agir, les êtres humains suivraient Mon exemple en toute chose. Ces mondes seraient anéantis si Je n'agissais pas. Je provoquerais une confusion qui entraînerait la destruction de toutes ces créatures. Les ignorants agissent avec attachement, de même, les sages devraient agir par désir de protéger les masses. Que le sage ne sème pas le trouble dans le mental des ignorants qui sont attachés à leurs actions. Qu'il leur montre comment agir, agissant lui-même avec dévotion. »

Un sage, un être réalisé, n'a besoin de rien, n'a aucun devoir à remplir, c'est peut-être un *avadhuta* qui a transcendé toutes les règles et les lois. Mais pour le bien du monde, pour donner l'exemple, il devrait mener une vie idéale.

Voyez Amma. Elle n'a pas besoin de lois ni de règles. Avant notre arrivée, Elle vivait dehors, sous le soleil et sous la pluie, sans se soucier de rien ni de personne. Mais quand le monde a commencé à venir à Elle, Elle a commencé à se comporter, au moins extérieurement, comme une personne presque normale. Pourquoi ? Simplement pour donner l'exemple, pour guider les gens que Dieu Lui envoyait. Ainsi, même si nous sommes assez avancés spirituellement pour que la nourriture ne nous affecte plus, nous ne devrions manger que des aliments sattviques.

Om Namah Shivaya !

Satsang à M. A. Center
Cassette 6, face A

La sadhana et la nourriture - 2

Nous en sommes au verset 173 de Paroles d'Amma, Amma parle du goût et de la nourriture, de leur rapport avec la vie spirituelle et des règles alimentaires à observer pour progresser spirituellement. Bien qu'Amma parle ici explicitement de la nourriture que nous ingérons par la bouche, du point de vue spirituel, tout ce que nous absorbons par l'intermédiaire des sens est à considérer comme un aliment. Ce que nous entendons, voyons, sentons, goûtons, et touchons, tout cela, comme nous le disions la semaine dernière, est réparti entre les trois gunas, les trois qualités de la nature : sattva guna, la paix et l'harmonie qui contribuent à calmer notre mental ; raja guna, l'agitation, l'activité, qui agite notre mental ; enfin tamas, l'obscurité, l'inertie, l'illusion, l'oubli qui rend notre mental épais et rend la concentration difficile ou impossible.

Amma parle ici de l'alimentation, de ce que nous mangeons. La semaine dernière, nous avons vu que la partie visible de la nourriture, la partie visible, grossière, est celle qui va constituer notre corps physique, notre corps grossier. Mais nous ne sommes pas limités à cette forme physique. Ce n'est que l'enveloppe extérieure de notre être. Le mental, l'intellect, qui se trouve à l'intérieur, est plus subtil. D'abord vient la force vitale, puis le mental, l'intellect et enfin le corps de béatitude, d'où provient le bonheur que nous ressentons dans les moments heureux. Et le sujet de toutes ces enveloppes, le cœur de notre être, c'est *l'Atman*, notre être réel.

La grande majorité d'entre nous vit pour l'instant complètement à l'extérieur. Nous ne sommes identifiés qu'avec l'enveloppe extérieure de notre être, bien que nous ayons conscience de toutes les autres ainsi que de notre « moi » véritable. Il n'existe personne qui soit inconscient du Soi. Notre seule erreur est de le mélanger avec toutes ces autres enveloppes. Nous sommes incapables de séparer le moi de tous ses appendices, pourrait-on dire. C'est en cela que consiste la vie spirituelle : essayer de séparer l'extérieur de notre être intime et essentiel, de notre cœur, qui est *l'Atman*, le Soi, l'âme. Nous verrons ainsi que nous ne sommes pas un corps ayant une âme, mais plutôt une âme ayant un corps.

Voici les paroles d'Amma :

> *« Certains déclarent qu'il est facile d'arrêter de boire du thé ou de fumer, tout en étant incapables de le faire. Comment pourraient-ils jamais maîtriser le mental s'ils ne parviennent pas à dominer ces petites choses ? Il faut d'abord les réduire. Comment celui qui ne peut pas franchir une petite rivière pourrait-il traverser l'océan ? »*

Amma nous indique clairement ici qu'il est mauvais pour nous de boire du thé (et on peut inclure sous ce terme tous les produits qui stimulent le système nerveux sans nourrir le corps) si nous sommes sérieusement intéressés par la vie spirituelle. Pourquoi ? Parce que notre mental est déjà très agité, il vagabonde beaucoup, et que la vie spirituelle consiste à s'efforcer de concentrer le mental et d'obtenir la paix intérieure.

Ni le confort, ni la fortune, ni les situations agréables ne nous apportent la paix intérieure, sinon une paix temporaire qui dépend des circonstances. La paix du mental est l'absence de pensées et nous n'y parvenons que grâce aux pratiques spirituelles. Si vous voulez développer vos muscles, il est indispensable de vous entraîner, car cela ne viendra pas tout seul. Alors vous levez des poids de plus en plus lourds. De même, la paix intérieure n'est pas le droit de naissance de qui que ce soit. C'est le fruit d'un dur labeur. C'est le but de la méditation, des *bhajans*, des *satsangs*. Cela exige un effort conscient. Si nous avons décidé que cela en valait la peine, que c'était le but réel de la vie, nous allons rechercher les moyens d'y parvenir.

C'est pour une personne sérieusement intéressée par la spiritualité, pour qui il ne s'agit pas d'un passe-temps ou d'une occupation à temps partiel mais du but de la vie, déterminée à mettre fin aux errances du mental, à le rendre calme et tranquille, qu'Amma énonce toutes ces règles et donne ces conseils.

Le thé et le café, tous les stimulants nerveux, sont nocifs car ils contribuent à agiter du mental. Nous pensons peut-être: « Quelle importance ? Quand je m'assieds pour méditer, je ne bois ni thé, ni café. » Mais la méditation assise n'est que le commencement de la vie spirituelle. C'est pour les débutants. Cette pratique est nécessaire plusieurs fois par jour pour nous habituer à concentrer le mental qui vagabonde sans cesse, mais notre effort devrait être constant. C'est la vraie vie spirituelle, c'est cela, méditer. Si nous buvons du thé ou du café, notre mental s'agite et il est plus difficile de contrôler ses errances. Fumer bloque le système nerveux. Bien sûr, tout le monde, même le chirurgien, sait que fumer est mauvais pour la santé. Mais ce n'est pas ce qui intéresse Amma ici. Elle a aussi donné des conseils ayant trait à la santé, mais Elle s'inquiète plus de notre mental et de notre esprit que de notre corps. Notre corps est là aujourd'hui et il disparaîtra demain, mais le mental est éternel, car tant que nous n'avons pas réalisé notre vraie nature, *l'Atman*, il continue. Le corps est éphémère et la santé du mental est plus importante que le corps.

Amma dit que fumer bouche le système nerveux et rend notre mental tamasique, épais. Il est ensuite difficile de se concentrer, de comprendre, de faire des efforts. Certains aliments ont le même effet, par exemple les mets gras ou rances. Nous avons vu l'autre jour que dans la *Bhagavad Gita*, les différentes nourritures sont classées en trois catégories : sattviques, tamasiques et rajasiques. Fumer est une habitude tamasique.

Certaines personnes qui mènent une vie spirituelle déclarent : « Oh ! Je peux parfaitement me passer de thé et de café », tout en étant incapables d'y renoncer. Elles ont l'impression que c'est sans importance, alors pourquoi s'en priver ? Amma nous dit qu'il est difficile de renoncer à ces habitudes, mais que le vrai travail est incomparablement plus difficile. Renoncer à une habitude extérieure n'est qu'une préparation. Ce qui est dur, c'est de renoncer aux habitudes intérieures. Selon les lois de la nature, le plus subtil est plus puissant que le moins subtil et il en est la source. De même, notre mental est beaucoup plus puissant que nos habitudes physiques, qui en vérité proviennent de notre mental. Le corps n'est qu'un objet inerte, un instrument du mental, dépourvu de volonté propre.

Ces ennemis intérieurs, ces vastes océans, sont beaucoup plus difficiles à traverser que de petites rivières comme l'habitude de fumer ou de boire. Quels sont donc ces océans intérieurs ? Ce sont les six ennemis intérieurs du *sadhak*, de l'aspirant spirituel. En vérité, ce sont des ennemis pour tous les êtres. Certes, nous discutons de la vie spirituelle, mais il ne s'agit pas de renoncer à tout pour devenir moine. La vie spirituelle est la vie humaine. Pour réussir, il est indispensable d'être heureux. La spiritualité est une nécessité. Ce n'est même pas un choix. En définitive, tous les êtres y viennent.

Quels sont ces six ennemis ? *Kama*, le désir ; *krodha*, la colère ; *lobha*, l'avidité ; *moha*, l'attachement ; *mada*, l'orgueil et *matsarya*, la jalousie. Ces six trouble-fêtes nous créent constamment des ennuis, à nous et aux autres. Ils ne cessent de nous distraire et d'engendrer des conflits. Gardons-les en mémoire. Nous avons des aspects innombrables et le mental possède des ramifications infinies. Les sages et les êtres tels que *Bhagavan* Sri Krishna ont analysé le mental jusque dans son essence et ils ont découvert que ces six là étaient les grands fauteurs de troubles, les bandits, la mafia du mental, pour ainsi dire. Si vous parvenez à les attraper et à les mettre en prison, tout ira bien.

Il est bon de les revoir, mais nous mettrons cette fois le sanscrit de côté. Le désir, la colère, l'avidité, l'attachement, l'orgueil et la jalousie, voilà les fauteurs de trouble. Chacun d'entre eux est comparable à un océan. Vous croyez que vous vous êtes débarrassé de l'un d'entre eux, et le voilà qui se manifeste. « Je ne me mets jamais en colère », pensez-vous et à la première occasion, quelqu'un fait justement ce qui provoque votre colère. Vous croyez avoir transcendé tout désir et toute tentation et l'instant d'après, vous voilà en proie au désir. Vous vous imaginez détaché, mais voilà que quelqu'un vous quitte ou vous maltraite et vous êtes très malheureux. Votre vie reposait sur cette relation ou cette personne. Vous êtes dépourvu de toute avidité, croyez-vous, mais voilà que vous regardez un objet en souhaitant le posséder : « Oh ! C'est joli ! » au lieu d'être parfaitement satisfait de ce que vous avez.

L'histoire des austérités de Vishvamitra Maharshi

Voici une histoire, celle d'un sage, qui présente un exemple-type des trois premiers obstacles. Nous allons la résumer.

Vishvamitra était un roi, donc un *kshatrya*, un membre de la caste des guerriers. Il arriva un jour au cours d'une chasse à l'ermitage de Vasishta Maharishi, un *brahmarishi*, un brahmane qui avait réalisé Dieu.

Vasishta lui servit un repas somptueux, ainsi qu'à tous les soldats et courtisans. Vishvamitra se demandait d'où provenait la nourriture délicieuse et toutes les provisions, dans un petit ashram perdu au milieu de la forêt. Il interrogea Vasishta : « D'où vient donc cette nourriture ? Je ne vois pas un seul cuisinier. Nous sommes arrivés il y a une demi-heure et tu nous as servi un repas comportant dix plats différents. Ta femme a quatre-vingt-dix ans, elle n'a sûrement pas confectionné tous ces mets. »

Vasishta répondit qu'il avait une vache magique, qui donnait tout ce qu'on lui demandait. Pas seulement du lait, mais n'importe quel produit. Elle pouvait même donner des repas tout prêts, comme une machine.

Vishvamitra voulut voir cette vache. Il déclara : « Ecoute, un *sadhu* comme toi, un pauvre sage dans la forêt, n'a pas besoin d'une vache comme celle-là, mais par contre elle me serait très utile ; en tant que roi, j'ai des milliers de personnes à nourrir chaque jour au palais, cela exige tant de provisions. Cette vache est superflue ici. Tu peux tout obtenir, mais tu n'as besoin de rien. Je veux l'emmener. »

« Je suis désolé, je ne peux pas vous donner la vache parce que j'en ai besoin pour ma *puja*. Elle me donne du lait et j'utilise le lait, le yaourt et le *ghee* pour accomplir mon rituel quotidien, » répliqua Vasishta.

Alors Vishvamitra se mit en colère. « Non, je prends la vache » dit-il, et il essaya de la prendre de force.

Il y eut une grande bataille. Entre qui ? Entre Vishvamitra et son armée d'un côté et le pauvre vieux Vasishta, âgé d'environ cent vingt-cinq ans à l'époque, de l'autre. Mais il avait la vache de son côté. Au lieu de nourriture, elle produisit des soldats, et la bataille commença. Vishvamitra eut le dessous et rentra chez lui. Il réfléchit : « C'est le véritable pouvoir. Ce pauvre brahmane, il possède une puissance réelle, la puissance spirituelle. A quoi bon être roi ? Je veux devenir un *brahmarishi* comme lui. Je vais méditer, me livrer à des austérités. »

Il partit donc dans la forêt pratiquer une ascèse. Mais voilà qu'Indra, le voyant faire, se dit : « Mais pourquoi donc fait-il *tapas* ? Il veut ma place, il veut devenir le roi des cieux. » Il envoya une créature merveilleusement belle, dont le nom était Menaka. C'était une danseuse céleste, une nymphe. Elle détourna Vishvamitra de son but ; il succomba à ses charmes et devint son amant. Pendant combien de temps ? Douze ans ! Douze années s'écoulèrent sans qu'il y prenne garde, comme un rêve. Ils eurent un enfant, Sakuntala. Au bout de douze ans, il se réveilla et prit conscience qu'il avait oublié sa méditation et ses austérités. Il en comprit la raison : c'était un coup d'Indra. Il se mit en colère et maudit Menaka.

Il s'assit de nouveau pour méditer. Mais il avait dissipé l'énergie qu'il avait accumulée pendant des années de méditation avec Menaka, et comme en plus il s'était mis en colère, il ne lui restait plus rien. Il était très malheureux. « Pauvre de moi. J'ai été victime du désir et de la colère, et l'avidité est la cause de tout cela, parce que je voulais cette vache. Cela ne m'arrivera plus jamais, j'en prends la résolution. »

Il recommença à méditer, à un autre endroit, et de nouveau Indra lui envoya une créature céleste. Il chuta encore, mais il décida au moins de ne pas se mettre en colère. Il ne la maudit pas. Les épreuves se succédaient, mais il ne parvenait pas à surmonter sa colère. C'était son gros problème en dépit de tant de méditation et de mortifications. Il est resté en équilibre sur un orteil pendant cinquante ans, il prenait une respiration par an pour se nourrir, il ne dormait jamais, ni la nuit, ni le jour, il s'exposait à la pluie et au soleil, et malgré tout cela, au moindre problème, il se mettait en colère. Ce n'étaient pas de petits problèmes, il n'en reste pas moins qu'il ne parvenait pas à maîtriser sa colère. Le pire, c'est qu'en dépit de tout cela, Vasishta refusait de l'accepter comme *brahmarishi*.

A la fin, incapable de supporter cela plus longtemps, il décida de tuer Vasishta. Débordant de jalousie et de colère, il se dit : « Si c'est la seule manière de le vaincre et de prendre sa place, cela vaut la peine de le tuer. » Son mental était complètement perverti. Il se rendit à l'ashram par une nuit de pleine lune et se glissa derrière la hutte, prêt à en finir avec Vasishta.

Celui-ci donnait un *satsang*. Il disait aux *brahmacharis* et aux *brahmacharinis* de l'ashram : « Voyez la lune magnifique briller au firmament ; elle éclaire le monde entier, pour la joie et la paix de tous ; elle apporte la fraîcheur après la chaleur du jour. Ainsi, le *Mahatma* qui pratique des austérités dans la forêt, Vishvamitra, donne la paix au monde. »

Quand Vishvamitra entendit ces paroles, sa colère s'évanouit. Il devint pareil à un enfant innocent. Il se repentit de toutes ses mauvaises actions et tomba aux pieds de Vasishta, auxquels il s'agrippa.

« Lève-toi, *brahmarishi*, lève-toi ! Pourquoi es-tu allongé en prosternation ? Tu es un *brahmarishi*, non pas à cause de ton ascèse, mais parce que ton cœur est devenu pur et innocent comme celui d'un enfant. »

C'est en définitive le seul moyen de purifier complètement notre mental. Pour nous défaire de ces *vasanas* profondément enracinées, de ces océans de *vasanas*, les pratiques spirituelles sont nécessaires. Mais en dernier recours, nous avons besoin pour réussir de la grâce d'un *Mahatma*, comme Vishvamitra a obtenu celle de Vasishta. Nous avons peut-être le sentiment que c'est impossible, mais j'ai été témoin d'une transformation qui montre qu'il est possible de vaincre des habitudes tenaces.

C'est l'histoire d'un garçon qui habitait Bombay, un scientifique ; il avait l'habitude de boire trente tasses de café par jour. Il mâchait des feuilles de bétel, un stimulant, il consommait peut-être vingt paquets de feuilles et de noix de bétel en une journée. Tout son salaire, et il gagnait bien sa vie à l'époque, y passait, en-dehors de son loyer et d'un peu de nourriture. Il n'avait jamais vraiment faim, à force de boire du café et de mâcher du bétel. C'est peu de dire qu'il était étrange, comme si un courant électrique le traversait de part en part, à cause de tous ces excitants.

Mais en même temps, il était très attaché à Amma. Il lui déclara qu'il voulait changer de vie et vivre à Ses pieds. Amma lui en a donné la permission, à condition qu'il renonce à ces deux drogues. Il a lutté durement et il y est parvenu pendant quelques jours. Puis il est allé trouver Amma et Lui a dit : «Amma, je ne parviens pas à me contrôler. » Amma a répondu : « Il n'y a rien d'étonnant à cela. Mange un peu de sucre candy chaque fois que tu ressens le besoin de boire du café ou de mâcher du bétel. » Il a donc mangé beaucoup de sucre candy, au point d'en être écœuré, dégoûté. Mais cela n'a pas suffit.

Un jour il est sorti de l'ashram, il est allé dans une boutique de thé, il a pris du café et acheté un paquet de noix et de feuilles de bétel. Personne n'en a parlé à Amma, personne n'en a rien su. Il y est allé la nuit ou à un moment où tout le monde méditait. Il méditait sur le café. Il est sorti pour avoir le *darshan* de la boutique de thé. Et quand il est revenu, Amma l'a appelé. Elle lui a dit : « Tu ne peux pas me raconter d'histoires. Je sais ce que tu as fait. Je te l'ai déjà dit, si tu ne parviens pas à te débarrasser de cette habitude, tu ne pourras pas rester ici. »

Du plus profond de son être, il a regretté ce qu'il avait fait et à compter de ce jour, il n'a plus jamais goûté au café ou aux feuilles de bétel. Il s'est libéré sur le champ d'une habitude aussi profondément enracinée. Il avait la conviction profonde que ce n'était pas bon pour lui et que s'il continuait, il n'aurait pas la grâce d'Amma. Lorsqu'il a compris cela avec son cœur, et pas seulement avec sa tête, il a pu se défaire de ce mauvais pli.

C'est donc possible. Et Amma nous demande comment nous comptons traverser l'océan de la colère et des caractéristiques négatives du mental si nous ne parvenons pas à vaincre nos habitudes.

Le pouvoir de la pensée

Voici quelque chose d'un peu étrange pour des oreilles occidentales, mais écoutons ce que dit Amma :

> *« Au début, un sadhak ne doit manger aucune nourriture cuisinée dans les boutiques. »*

On pourrait dire « dans les restaurants ».

> *« En manipulant les ingrédients le commerçant ne songe qu'à son profit. S'il fait du thé, il pense : « Faut-il autant de lait ? Peut on mettre moins de sucre ? » Sa seule idée est de réduire les quantités pour faire plus de bénéfice. La vibration de ces pensées influence le sadhak. »*

Dans la société occidentale, la vie sociale est très importante, et cette tendance se généralise dans le monde. On ne considère pas les restaurants comme des lieux à éviter. En fait, tout le monde sort pour manger. J'ai lu quelque part que Mac Donald avait fabriqué assez de hamburgers pour faire deux fois et demi le tour de la Terre si on les mettait bout à bout. Quelle est la circonférence de la Terre ? Monsieur Iyer, c'est vous l'expert.

(*M. Iyer*) « Vingt-quatre mille miles *(environ trente-huit mille six cent seize kilomètres)*. »

«Vingt-quatre mille miles. Donc quarante-huit mille plus douze mille, c'est environ soixante mille miles (*quatre-vingt seize mille kilomètres*) de hamburgers en une année. Et ce n'est qu'une seule chaîne de fast-food. Cela donne une idée du nombre de personnes qui fréquentent les restaurants. C'est hallucinant.

Jadis, il n'y avait pas de restaurants. Il existait tout au plus des auberges pour les voyageurs. En Inde, il y avait des *dharamsalas*, *annasatras*, où les pèlerins pouvaient se reposer et manger. Elles étaient financées par les gens riches, sans doute les marchands, pour nourrir les pèlerins. Où donc auraient-ils pu, sinon, manger ? Ils se déplaçaient à pieds et ne pouvaient pas emporter leur nourriture.

Il est toujours vrai que la nourriture cuisinée chez vous est bonne spirituellement, bonne aussi pour le corps et pour le mental. La nourriture des restaurants est mauvaise pour le mental. Elle est préparée dans le but de faire du profit. C'est un commerce, et la nourriture ne contient pas d'amour. C'est l'histoire que raconte Amma, celle du père qui passe la nuit à l'hôtel avec sa petite fille. Lorsqu'ils repartent le lendemain matin, la petite fille dit : « Oh papa ! Les gens sont si gentils ici ! Ils nous gâtent et se précipitent pour nous servir ; au restaurant aussi, les serveurs nous demandaient toujours ce que nous voulions. Ils étaient si aimables et gentils, je n'ai jamais rencontré des gens aussi merveilleux. »

Le père répondit : « De quoi parles-tu ? Une fois que j'aurai payé l'addition, tu ne les verras plus. C'est pour obtenir de l'argent qu'ils se montrent si aimables. Ce n'est qu'une façade, un masque. Si je ne paie pas, tu verras ce qui reste de leur gentillesse ! »

Aussi agréable que soit l'atmosphère d'un restaurant, si délicieuse que nous paraisse la nourriture, elle est nuisible à notre vie spirituelle car la partie subtile, la vibration qui entre dans notre être, crée une tendance à désirer le profit au lieu de vouloir donner, partager, devenir désintéressé. Cette avidité va se loger dans notre mental.

C'était la première partie du verset. Amma raconte ensuite une petite histoire :

> « *Il était une fois un sannyasi qui n'avait pas l'habitude de lire les journaux. Il eut un jour un grand désir de lire les nouvelles, puis il se mit à rêver de journaux et de gros titres. Il fit une enquête et découvrit que le cuisinier lisait les journaux en préparant le déjeuner. Il était concentré sur les journaux, pas sur la cuisine, et les vagues de ses pensées influençaient le sannyasi.* »

Quand vous cuisinez, vos pensées, vos vibrations, entrent dans la nourriture. C'est différent pour les aliments crus, comme les bananes. Les êtres réalisés comme Amma affirment que la nourriture cuite devient sensible aux vibrations. Quelle que soit la personne qui la manipule, ses vibrations entrent dans la nourriture. Dans un foyer où il y a de l'affection, ces vibrations entrent dans la nourriture et nourrissent le mental des gens. Mais dans un restaurant ou un hôtel, il n'y a rien de tel et cela affecte aussi la nourriture.

Amma dit qu'il vaut mieux, au début, qu'un *sadhak* s'abstienne de consommer quoi que ce soit dans les restaurants ou les boutiques. Il n'est pas nécessaire de suivre cette règle éternellement. Mais pour la plupart d'entre nous, nous ne sommes que des débutants. Même si nous méditons depuis vingt ans, si nous avons vu tous les sages qui sont venus en Amérique, si nous sommes allés en Inde quatre cents fois, que nous en connaissons tous les ashrams et si nous avons passé des heures en équilibre sur la tête, nous n'avons toujours pas le contrôle de notre mental. Il vagabonde et tourne comme une girouette. Tant que le mental n'est pas établi dans une paix permanente que rien ne peut troubler, tant que nous ne sommes pas plongés dans cette béatitude intérieure sans cause extérieure, tant que nous n'en sommes pas à ce niveau spirituel, tout nous affecte. Un *sadhak* sérieux doit donc prendre soin d'observer toutes ces règles. Cela peut nous paraître contre-nature, difficile, mais si nous sommes sérieux, c'est pour notre bien. Si nous ne sommes pas sérieux, nous pouvons agir à notre guise, c'est sans importance.

Manger avec modération

« Ne mangez pas jusqu'à étouffement. »

Comment dit-on cela en anglais américain ? Ne vous gavez pas à en mourir.

« La moitié de l'estomac devrait être réservée à la nourriture, un quart à l'eau et le dernier quart au mouvement de l'air. »

C'est bien sûr l'idéal. Mais je n'ai jamais rencontré personne qui en soit capable. Il est très difficile d'arrêter de manger quand notre estomac est à moitié plein. Et pourtant il nous faut bien parler de l'idéal, du but le plus élevé. Donc la moitié pour la nourriture, un quart pour l'eau et le reste pour l'air. C'est une règle de l'*ayurvéda*.

« Moins nous mangeons, mieux nous contrôlons le mental. Ne dormez pas et ne méditez pas juste après manger, sinon vous digèrerez mal. »

Voici un conseil qui concerne la santé. D'abord ne pas manger jusqu'à se faire éclater la panse. J'ai vu un jour une vache à Vallic-kavu, à l'ashram. Personne ne savait quelle quantité de nourriture elle avait absorbé. Les vaches sont connues pour se gaver au point d'en mourir. Celle-ci avait été nourrie par deux ou trois personnes qui, voyant le seau vide, avaient cru que cette pauvre vache n'avait rien mangé. Elle a fini par meugler. Elle avait le ventre si plein qu'elle a failli éclater et mourir d'indigestion. Certaines vaches, si on les met au pré, n'arrêtent pas de manger, si bien qu'elles en meurent. Il y a des gens comme ça. C'est tellement bon qu'ils continuent à manger, alors qu'il y a belle lurette qu'ils n'ont plus faim. Si vous leur apportez un mets qu'ils aiment, ils ont tout-à-coup une petite place ; j'ai observé cela bien souvent. Vous savez, beaucoup de gens, en Inde, raffolent du *payasam* ; à la fin d'un de ces excellent repas indiens, alors qu'on a déjà servi sept plats différents et que vous êtes sur le point d'éclater, quelqu'un vous propose de reprendre du riz et des légumes, ou bien du *sambar* ou du *rasam* « Voulez-vous encore un peu de riz ? » et vous répondez : « Non merci, j'ai l'estomac plein, je n'en peux plus. » Puis arrive quelqu'un qui déclare : « Vous n'avez pas encore goûté le *payasam*. » « Oh d'accord, je vais en prendre un peu. », même si cela vous sort par les oreilles. On a toujours de la place pour un plat que l'on aime.

Il ne faut pas faire d'excès au point de ne plus pouvoir respirer, car cela nous rend très lourd. Quand on a trop mangé, on éternue aussitôt. C'est bien si l'on veut dormir, mais pas pour méditer. Amma nous conseille de ne pas dormir ni méditer après les repas. Pourquoi ? Parce que pendant le sommeil, le processus de la digestion est ralenti, rien ne fonctionne, la digestion se fait mal, l'organisme n'assimile pas la nourriture et cela peut aller jusqu'à l'indigestion. Le lendemain, vous souffrez d'acidité. Et si vous méditez, que se passe-t-il ? La même chose. Parce que pendant la méditation, la force vitale, qui sert à digérer, ralentit aussi et elle est dirigée vers le point où vous méditez. Personne ne médite sur son estomac, du moins je n'ai jamais vu cela. Il existait autrefois une forme de méditation où les gens se concentraient sur leur nombril, mais je ne crois pas qu'elle soit encore pratiquée de nos jours.

La plupart de gens méditent en se concentrant sur le cœur ou sur le point entre les sourcils, ou bien encore ils visualisent quelque chose devant eux. Ainsi leur force vitale, *prana shakti*, est dirigée vers un seul point. Elle imprègne le corps tout entier mais il est possible, dans une certaine mesure, de l'envoyer vers telle ou telle partie du corps ou même de l'envoyer à l'extérieur. Quand vous parlez à quelqu'un, ou bien si vous regardez une personne avec intensité, elle sent quelque chose. C'est un peu de votre force vitale qui sort. C'est subtil, et en-dehors de quelques rares personnes ayant un don spécial, nous ne le voyons pas. Et nous en avons besoin pour digérer. Donc, si nous ne voulons pas entraver le fonctionnement naturel du système digestif, il ne faut pas méditer après un repas, mais attendre une heure ou deux.

Voici le dernier verset de ce chapitre :

> « *Une fois que nous aimons Dieu, nous sommes comme un malade qui a la fièvre, nous n'avons plus de goût pour la nourriture. Le mets le plus savoureux semble amer. Quand nous aimons Dieu, notre appétit décroît spontanément.* »

C'est le mot de la fin. Sans aucun doute il nous faudra lutter pour maîtriser ces instincts naturels afin d'obtenir un aperçu de quelque chose de plus élevé que les plaisirs des sens. C'est une dure bataille, parce que pendant des vies nous avons vécu au niveau des sens. Mais une fois que nous avons eu une expérience spirituelle et que nous avons goûté à la béatitude de Dieu, à la présence de *l'Atman*, cette maîtrise est spontanée. Vous n'avez plus envie de rechercher quoi que ce soit à l'extérieur de vous, car cela ne vous apporte plus aucune joie, cela devient une distraction, une perte de temps. Alors vous commencez à apprécier les pratiques spirituelles, vous aimez méditer, aller aux *bhajans* ou au *satsang*, lire des livres spirituels et la vie physique devient pour ainsi dire un fardeau. Vous jouissez d'un état intérieur agréable et puis il faut penser à cuisiner, à manger, à aller aux toilettes etc., cela devient très pénible. Il y a des gens, des retraités, qui ont beaucoup de temps libre et qui consacrent leur vie aux pratiques spirituelles. Ils sont heureux et comblés, ils n'ont pas d'autre désir.

Une fois le mental maîtrisé, la vie est béatitude

Contrairement à la croyance populaire, la vie spirituelle est béatitude. Ce n'est pas une vie de souffrances et de douleur ; il y a bien de la souffrance et de la douleur, mais c'est seulement pendant un certain temps. Vous connaissez l'expression : « La nuit obscure de l'âme ». Elle correspond à la première étape de notre vie spirituelle. Une fois que vous avez compris la valeur de la vie spirituelle, vous vous tournez vers les pratiques spirituelles. Mais vos habitudes antérieures, héritées de la société, de votre famille et du monde en général, engendrent en vous une grande résistance. Il n'est pas si faci-le de méditer, de se concentrer, de se libérer de mauvaises habitudes et d'en cultiver de bonnes. Tout cela est profondément enraciné et vous fait souffrir. « Oh, quelle lutte, quel enfer ! ». Les gens qui voient votre mine triste, votre visage torturé, disent : « Je croyais qu'un être spirituel rayonnait de béatitude divine. » C'est vrai, mais pas au début. Personne n'obtient une licence sans suivre d'abord un cursus scolaire et universitaire normal. C'est comme si quelqu'un demandait à un enfant de maternelle : « Où est ton doctorat ? » Comment pourrait-il avoir un diplôme, alors qu'il n'est pas encore allé à l'école ?

Comment obtiendrait-on la béatitude divine sans y travailler ? Une des étapes est cet état de souffrance dans lequel nous luttons avec la partie grossière de notre personnalité, les tendances héritées du passé et de nos vies antérieures. Mais une fois dépassé tout cela, l'écume qui voile la surface de l'étang se dissipe un moment et nous apercevons le clair miroir de l'eau. Lorsque nous avons eu la vision, même fugitive, de notre nature réelle, *l'Atman*, lorsque nous éprouvons de la dévotion et sentons la présence de Dieu, la vie spirituelle est béatitude. Il est alors très facile de suivre toutes ces règles, cette discipline. Cela devient naturel lorsque l'on est absorbé profondément dans la présence de Dieu. Il suffit de développer cet état d'être. Comme le dit Amma :

> « *Au théâtre, on commence par répéter la pièce, puis on la joue devant le public.* »

La *sadhana* est comparable à la répétition et l'état de béatitude à la représentation publique.

J'aimerais vous lire certains passages qui décrivent l'expérience de quelqu'un qui est parvenu à la béatitude, car il est très rare de trouver ce genre de texte. De nos jours, il ne manque pas de gens pour témoigner de leur expérience. Mais voici l'exemple de quelqu'un qui, il y a quelques milliers d'années, a suivi la voie traditionnelle, est allé trouver un *guru*, a pris refuge en lui, s'est soumis à son entraînement et est parvenu à la béatitude éternelle. Voici ce qu'il écrit :

> « *Le disciple, ayant compris la vérité suprême grâce à l'autorité des Ecritures, aux instructions reçues par le guru et à son propre intellect, apaisa les sens, contrôla son mental et, dans un lieu isolé, devint parfaitement tranquille. Ayant établi pendant un certain temps son esprit en Brahman, la suprême réalité, il se leva et dans l'excès de sa joie, il parla ainsi.* »

Il a donc apaisé son mental, s'est installé dans un endroit retiré, seul, il a rendu le mental parfaitement tranquille, a médité sur l'enseignement qu'il avait reçu et sur les paroles de son *guru*. Son mental s'est concentré en un seul point et il a goûté la béatitude suprême. Il a dit alors :

« La splendeur de l'océan du Brahman suprême, remplie du nectar de la réalisation du Soi, ne saurait être exprimée par des mots ; le mental ne peut la concevoir. Mon mental, parvenu à cet état, s'est fondu dans cet océan et jouit de la béatitude, comblé. Qu'est donc devenu cet univers ? Qui donc l'a effacé ? Je le voyais auparavant, et je ne le vois plus. Ô merveille, il n'y a plus que l'océan de béatitude. Que pourrait-on rejeter ou accepter ? Où sont les différences ? Qu'est-ce qui est distinct de ce grand océan rempli du nectar de la béatitude infinie ? Je ne vois rien, je n'entends rien, je ne sais rien. Je demeure simplement dans la forme de mon propre Atman et savoure la béatitude.

Hommage à Toi, guru, grande âme libre de tout attachement, Toi le meilleur parmi les connaisseurs de Brahman, incarnation de l'essence éternelle de la béatitude, Toi l'infini, océan de miséricorde suprême et éternelle. Par la grâce de ton regard, pareil aux frais rayons de la lune, mes tourments, liés au samsara, ont pris fin, et j'ai obtenu en un ins-tant l'état du Soi impérissable, dont la nature est béatitude infinie. Comme je suis béni ! J'ai atteint mon but. Je suis libéré des griffes de l'océan des naissances et des morts. Ma nature est béatitude permanente. Par Ta grâce, je suis comblé.

Je suis Brahman, sans égal, la vérité sans commencement qui est au-delà de tout ce que nous pouvons imaginer et dont la nature est béatitude éternelle et uniforme, la vérité suprême. Sous le jeu du souffle de maya, les vagues de l'univers se lèvent et retombent en moi, l'océan infini de béatitude. Comme le ciel, je suis au-delà de toutes les divisions illusoires. Comme le soleil, je suis différent de ce qui est éclairé. Comme la montagne, je suis permanent et immobile. Comme l'océan, je suis sans rivage. Dans le long rêve qui m'a emmené dans

186

la forêt de la naissance, de la vieillesse et de la mort, bercé par maya, j'étais épuisé par les tourments qui m'affligeaient à chaque instant, torturé par le tigre de l'ego. Par Ta grâce infinie, ô mon guru, Tu m'as réveillé et Tu m'as sauvé. »

Om Namah Shivaya

Satsang à M. A. Center, 1994
Cassette 6, face B